高效通关ITIL 4
——模拟试题及解析

● 刘 通 曾庆辉 主编

- 助力高效通关认证指南
- 全真模拟题沉浸式演练
- 关键字检索轻松识答案

哈尔滨工业大学出版社
HARBIN INSTITUTE OF TECHNOLOGY PRESS

内容简介

随着 ITIL 认证考试不断朝着正规化和标准化的方向迈进,本书精准地捕捉到国内广大 ITIL 考生想要快速通过 ITIL 线上考试的诉求,特意为考生量身打造了 ITIL 模拟试题并汇总了考点内容,力求让考生以最为经济和有效的方式快速适应考试场景的变化。

本书可以作为准备参加 ITIL 认证考试的考生的辅助教材,也可以作为 ITIL 日常教学的参考用书。本书同样适用于各个企事业单位的服务经理、服务总监和从事 IT 运维从业者,作为指导他们日常工作的参考资料。

图书在版编目(CIP)数据

高效通关 ITIL 4——模拟试题及解析/刘通,曾庆辉主编. —哈尔滨:哈尔滨工业大学出版社,2022.6
ISBN 978-7-5603-9981-2

Ⅰ.①高… Ⅱ.①刘… ②曾… Ⅲ.①信息产业-商业服务-资格考试-自学参考资料 Ⅳ.①F49

中国版本图书馆 CIP 数据核字(2022)第 049956 号

策划编辑　杜　燕
责任编辑　张羲琰
封面设计　高永利
出版发行　哈尔滨工业大学出版社
社　　址　哈尔滨市南岗区复华四道街 10 号　邮编 150006
传　　真　0451-86414749
网　　址　http://hitpress.hit.edu.cn
印　　刷　哈尔滨市石桥印务有限公司
开　　本　787mm×960mm　1/16　印张 8.5　字数 145 千字
版　　次　2022 年 6 月第 1 版　2022 年 6 月第 1 次印刷
书　　号　ISBN 978-7-5603-9981-2
定　　价　39.80 元

(如因印装质量问题影响阅读,我社负责调换)

前　　言

　　ITIL 被业界视为 IT 服务管理的最佳实践，目前在全世界范围内 ITIL 证书的持有人数有近 300 万，在国内每年也有超过万人的考试规模，由此我们可以感受到 ITIL 理论体系的蓬勃生命力。在 IT 服务管理领域，无论从历史、现在还是未来，ITIL 都是一个被长期认可的最佳实践，每个 IT 从业人士都可以考虑把 ITIL 证书收入囊中，从而对自己现有的工作表现和工作成果进行加持。

　　另外，ITIL 的官方原厂商 AXELOS 宣布 2022 年 2 月以后，所有的 ITIL 认证考试都会改为上机考试。这一考试形式的变革无疑增加了当前 ITIL 认证通过的难度。

　　随着 ITIL 认证考试不断朝着正规化和标准化的方向迈进，本书精准地捕捉到国内广大 ITIL 考生想要快速通过 ITIL 线上考试的诉求，力求让考生以最为经济和有效的方式快速适应这种考试场景的变化。

　　本书是 ITIL 认证考试自学或辅助教材，备考 ITIL 认证考试的考生在参加正式 ITIL 上机考试前可以使用本书进行学习，书中 ITIL 模拟试题和考点汇总内容是特意为考生量身打造的，希望各位考生经过本书所提供的 ITIL 模拟试题强化训练和关键考点内容汇总分析，能够系统掌握 ITIL 考试的要点和知识点精要，并以更加经济有效的方式通过 ITIL 认证考试。

作　者

2022 年 2 月

目 录

第1章　ITIL 认证的高光时刻 ··· 1

第2章　ITIL 4 初级认证模拟试题 ·· 5
   2.1　第一套全真模拟试题 ··· 6
   2.2　第二套全真模拟试题 ··· 13
   2.3　第三套全真模拟试题 ··· 20
   2.4　第四套全真模拟试题 ··· 28

第3章　ITIL 4 中高级认证模拟试题 ··· 36
   3.1　第一套全真模拟试题 ··· 36
   3.2　第二套全真模拟试题 ··· 46
   3.3　第三套全真模拟试题 ··· 55

第4章　ITIL 典型案例分析 ·· 64
   4.1　服务台案例 ··· 64
   4.2　问题管理案例 ··· 65
   4.3　服务管理案例 ··· 67

第5章　ITIL 4 初级认证模拟试题答案解析 ·· 69
   5.1　第一套全真模拟试题答案解析 ··· 69
   5.2　第二套全真模拟试题答案解析 ··· 75
   5.3　第三套全真模拟试题答案解析 ··· 79
   5.4　第四套全真模拟试题答案解析 ··· 83

第 6 章　ITIL 4 中高级认证模拟试题答案解析 ·············· 89
　　6.1　第一套全真模拟试题答案解析 ·············· 89
　　6.2　第二套全真模拟试题答案解析 ·············· 92
　　6.3　第三套全真模拟试题答案解析 ·············· 97
第 7 章　ITIL 4 初级认证考试关键字大全 ·············· 100
第 8 章　ITIL 中英文术语表 ·············· 109
参考文献 ·············· 127

第 1 章　ITIL 认证的高光时刻

目前，IT 服务管理领域最为流行的认证非 ITIL 莫属。ITIL 的英文全称是 Information Technology Infrastructure Library，中文译为"信息技术基础架构库"。ITIL 诠释了当前企业或组织进行 IT 服务管理（ITSM）最行之有效的方法，其目前落地的主流实践是服务管理流程，比如我们耳熟能详的事件管理流程、变更管理流程、发布管理流程和配置管理流程等。在 ITIL 的世界里，每个流程可以认为是一本书，所有书的集合就是图书馆（Library），ITIL 的第四个字母 L 表征的就是图书馆的含义。当下，很多企业或组织主要针对 ITIL 的流程落地来助力自身的服务管理。实践证明，ITIL 的流程落地会提升企业的 IT 服务质量并降低相应的服务成本。

IT 服务管理的根本目的是为企业或组织实现商业价值，而 ITIL 正是这种可以实现商业价值的重要手段。ITIL 证书作为 IT 服务经理、IT 项目经理和从事日常运维管理工作的职业上岗证书，被更多的 IT 从业人士所认可。很多组织的 IT 部门的高管如首席信息官（CIO）和 IT 服务经理都会考虑 ITIL 的中高级证书，而从事常规化运维的技术工程师都会考虑考虑 ITIL 的初级证书。

在我国比较流行的项目管理的国际认证 PMP（Project Management Professional）证书，在全世界范围内有近 100 万人获取，其中有 30 多万人是中国人。而 ITIL 的证书持有人数在全世界有近 300 万人。通过获取 ITIL 认证的人数，我们可以直接感受到 ITIL 无论从历史、现在还是未来都是被长期认可的一套理论体系，每个 IT 从业者都可以考虑把 ITIL 证书收入囊中，对自己的工作能力进行加持。

ITIL 之所以被认可，究其原因是业界对以 ITIL 为手段的 IT 服务管理体系的始终如一的坚守和全面彻底的实践。在我国如传统的银行业和电信业，他们近 20 年的 ITIL 落地实践已经完全证明 ITIL 理论体系的持久魅力。

在 IT 领域"风起云涌"、云计算已经成为 IT 基础设施主流的环境背景下，ITIL 是否还有顽强的生命力呢？ITIL 的最新版本 ITIL 4 直接回答了这个问题。ITIL 4 中的"4"就是指第四次工业革命。所谓第四次工业革命，就是目前以云计算、大数据、区块链和人工智能为代表的数字化时代，很多企业都会经历深刻的组织变革和数字化转型。ITIL 4 希望组织在从事数字化转型的过程中能够参考 ITIL 来指导这场深刻的组织变革。目前，云计算的落地是对很多组织的现有数据中心 IT 基础设施的颠覆，云计算落地本身也是组织数字化转型之路的一部分工作，ITIL 4 已经把云计算的落地作为其 34 个管理实践之一。云计算作为一种全新的服务交付方式，必将纳入服务管理的范畴，而 ITIL 作为服务管理的最佳实践也必然包括云计算的管理和维护实践的指引。

国内的云厂商如阿里巴巴、腾讯和华为，他们的员工在帮助其客户落地企业专属的云平台时需要了解客户目前的 IT 服务管理流程，并深刻思考如何借助客户所熟悉的 ITIL 服务管理实践来引导客户从原先基于流程的管理模式转变为基于价值交付的服务管理。基于流程的管理模式正是 ITIL 以前的版本 ITIL V3 所倡导的，而基于价值交付的服务管理正是 ITIL 4 的核心实践。故而，无论是传统的 IT 人士还是类似于 BAT(百度、阿里巴巴、腾讯)的技术人员，都可以通过 ITIL 的学习不断丰富自己对 IT 服务管理的认知。

下面通过 ITIL 2011 和 ITIL 4 版本的比较异同来体会 ITIL 的管理思想从流程到价值交付的理论变迁(表 1 – 1)。

表 1 – 1　ITIL 版本比较异同

	ITIL 2011	ITIL 4
推出时间	2011 年 8 月	2019 年 2 月(官方书籍出版时间)
体系的定位	IT 服务管理	数字时代的服务管理(什么服务都可以管)
体系的主要驱动方式	流程驱动	价值驱动

续表1-1

	ITIL 2011	ITIL 4
体系的核心架构	ITIL 2011 的服务生命周期	ITIL 4 的服务价值系统
体系包含的官方资料	五本书： • 《服务战略》 • 《服务设计》 • 《服务转换》 • 《服务运营》 • 《持续服务改进》	• 一本基础级别的书：ITIL 4 Foundation • 五本 ITIL 4 中级书：《创建、交付和支持》(CDS)、《驱动利益相关方的价值》(DSV)、《高速率IT》(HVIT)、《指导、计划和改进》(DPI)和《数字化与IT战略》(DITS) • 共34个实践，每个实践都有独立的解读文章和参考文献
认证路线图		

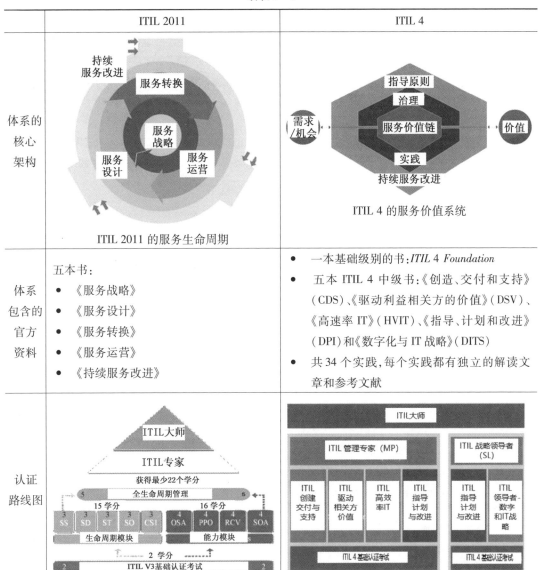

续表 1-1

	ITIL 2011	ITIL 4
IT 部门在组织中的定位	为业务服务（IT 是辅助部门）	驱动业务的发展（IT 是核心部门）
体系的管理思路	比较传统，基本沿用了"瀑布模型"的方法	比较前卫，融入了很多精益、敏捷和 DevOps 的思想
落地实施的核心思路	26 个流程 + 4 项职能	价值流 + 实践（包括 ITIL 2011 的关键流程和职能）

如果想对 ITIL 认证和知识体系有更加全面和详细的了解，可以参考笔者的另外一本书《ITIL 4 与 DevOps 服务管理认证指南》。本书更多的是通过丰富的模拟题及详尽解析的形式不断加深读者对 ITIL 理论的理解和认知。

ITIL 的官方宣布 2022 年 2 月以后，所有的 ITIL 认证考试都会改为上机考试，这类似于华为和 VMware 等企业都在贯彻的常规认证方式。参加 ITIL 考试的考生需要通过如普尔文、VUE 的考试中心提前预约考试机位，在指定时间内上机参加考试。

ITIL 认证考试正在朝着不断正规化和标准化的方向迈进，本书的出版正是为了满足国内 ITIL 考生以更加经济和有效的方式通过 ITIL 认证考试的内在诉求。

第 2 章　ITIL 4 初级认证模拟试题

　　目前,针对 ITIL 4 的认证分为初级/基础级、中级和高级。在国内比较流行的考试的语言版本是中文版和英文版。

　　ITIL 4 的基础认证考试一般在 60 分钟内回答 40 个单项选择题,选择题的出题范围主要是关联 ITIL 4 的基本概念,比如 ITIL 4 的核心框架结构是 SVS(Service Value System)服务价值系统,可以认为 SVS 是 ITIL 4 理论体系的整体框架,而 ITIL 4 的认证考试更多的是考查 SVS 内的关键组件元素的基本概念,即服务价值系统内部的相关内容。如果想要通过 ITIL 基础认证考试,考生必须答对全部 40 道题的 26 道题以上。

　　ITIL 4 中级认证考试一般在 90 分钟内回答 40 个单项选择题,同样是选择题,但是选择题的出题范围主要是关联 ITIL 4 的应用实践。这些实践题更多的是基于特定场景的应用判断题,相对于 ITIL 4 基础认证考试的问题会增加一定难度。另外,如果想要通过 ITIL 中级认证考试,考生必须答对 28 道题以上。所以建议考生需要自我准备充分后才可以参加 ITIL 4 中级的认证考试。通过 ITIL 4 中级认证不仅能获得中级证书,还会对 ITIL 4 的管理实践有更加深入的理解和认知。

　　ITIL 4 还有高级证书,共分成两个分支。ITIL 4 管理专家证书(ITIL Managing Professional)和 ITIL 4 战略领导者证书(ITIL Strategic Leader)。管理专家证书比较适合企业中的服务经理、服务总监、项目经理、项目总监和产品经理人群;而战略领导者证书是为数字化转型量身定制的,它更加适合从事组织数字化转型的战略专家、顾问和企业内部主导 IT 信息化建设的首席信息官(CIO)和首席技术官(CTO)等。

　　顺利通过 ITIL 4 认证考试的专业人士,将为其所在组织顺利承接第四次工业革命赋予 IT 的全新使命做好了相当充分的理论准备。

　　以下是针对 ITIL 4 的基础认证考试的四套全真模拟试题,建议您的模拟试题正确率在 80% 以上,再考虑去参加真正的 ITIL 认证上机考试。

2.1　第一套全真模拟试题

问题 1　下面哪项 ITIL 概念涵盖了治理内容？　　　　　　　　　　（　　）
A. 七项指导原则
B. 服务管理的四个维度
C. 服务价值链
D. 服务价值系统

问题 2　下面哪项有关价值链的表述是正确的？　　　　　　　　　（　　）
A. 每项实践均属于特定的服务价值链
B. 服务价值链是一种服务关系
C. 服务价值链隶属于价值创建模型
D. 服务价值链是运营模型

问题 3　所有价值链活动如何将输入转化为输出？　　　　　　　　（　　）
A. 通过确定服务需求
B. 通过整合多项实践
C. 通过单一职能团队
D. 通过实施流程自动化

问题 4　下面哪项价值链活动会传达服务管理的四个维度的当前状态？（　　）
A. 改进　　　　　　　　　　　　　B. 联络
C. 获取/构建　　　　　　　　　　 D. 计划

问题 5　下面哪项体现服务定义的精要内容？　　　　　　　　　　（　　）
A. 服务需要客户管理成本与风险
B. 服务强调提供客户想要的价值
C. 服务强调通过价值共创来实现价值
D. 服务不需要考虑交付成本

问题 6 通过促成客户想要的结果来实现价值共创的方式是什么？ （ ）

A. 服务　　　　　　　　　　　　B. 输出

C. 实践　　　　　　　　　　　　D. 持续改进

问题 7 服务提供方描述了一个在某个时间区间可以选用的产品方案，其中包含一台带有软件和功能操作支持的笔记本电脑。该方案搭配属于下面哪一项？ （ ）

A. 价值　　　　　　　　　　　　B. 结果

C. 功效　　　　　　　　　　　　D. 组合

问题 8 下面哪项描述了服务所提供的功能？ （ ）

A. 成本　　　　　　　　　　　　B. 功用

C. 功效　　　　　　　　　　　　D. 风险

问题 9 功效的定义是什么？ （ ）

A. 通过开展活动而生成的有形或无形交付物

B. 产品或服务将会符合约定需求的保证

C. 可能导致伤害或损失，或使目标难以实现的事态

D. 产品或服务为满足特定需求而提供的功能

问题 10 下面哪项实践可用于确定指标，以反映客户的服务体验？ （ ）

A. 持续改进

B. 服务台

C. 服务级别管理

D. 问题管理

问题 11 客户参与能够为服务级别管理实践提供哪些帮助？ （ ）

1. 可捕捉指标所需基础信息
2. 可确保组织达到特定服务级别
3. 可定义服务请求的工作流
4. 可为进度讨论提供支持

A. 1 和 2　　　　　　　　　　　　B. 2 和 3

C. 3 和 4　　　　　　　　　　　　D. 1 和 4

问题12 什么是变更？ （　）

A. 添加、修改或删除可能对服务产生直接或间接影响的任何内容

B. 确保提供有关服务配置的准确且可靠的信息

C. 提供新的和变更的服务与特性以供使用

D. 将新的或变更的硬件、软件或任何其他组件移至生产环境

问题13 下面哪项关于变更授权的表述是正确的？ （　）

A. 每一类变更和变更模型均要分配变更授权人

B. 将变更授权方集中到一人身上是最为有效的授权方式

C. 应加快对正常变更的授权，以确保尽快实施

D. 标准变更风险高，应获得最高级变更授权

问题14 下面哪项实践可为管理用户反馈、称赞和投诉提供支持？ （　）

A. 变更实施　　　　　　　　　B. 服务请求管理

C. 问题管理　　　　　　　　　D. 事件管理

问题15 监视和事态管理实践的目的是什么？ （　）

A. 确保在需要的时间和位置提供有关服务配置的准确且可靠的信息

B. 系统化观察服务和服务组件，并记录和报告选定的状态变更

C. 保护组织所需信息以便开展业务

D. 通过尽快恢复正常服务运营来最大限度降低事件负面影响

问题16 服务请求管理实践最有可能管理下面哪类变更？ （　）

A. 正常变更　　　　　　　　　B. 紧急变更

C. 标准变更　　　　　　　　　D. 应用变更

问题17 下面哪项关于已知错误和问题的表述是正确的？ （　）

A. 已知错误是对已分析问题的一种状态认定

B. 已知错误是造成一个或多个问题的原因

C. 已知错误引发漏洞，而问题引发事件

D. 已知错误由技术人员管理，而问题由服务管理人员管理

问题 18 下面哪项建议适用于持续改进实践？ （ ）

A. 至少应有一个小团队专门带领大家持续改进

B. 所有改进均应作为多阶段项目进行管理

C. 持续改进应与其他实践分离开来

D. 改进举措应排除外部供应商

问题 19 下面哪项是均衡使用各项服务指标的原因？ （ ）

A. 减少所需收集指标的数量

B. 单独报告各个服务元素

C. 提供以结果为导向的服务视角

D. 支持自动收集各项指标

问题 20 功效(Warranty)保修的定义是什么？ （ ）

A. 通过实施一项活动而产生的有形或无形的交付物

B. 产品或服务符合约定 SLA 的证明

C. 可能造成伤害或损失，或使目标更难实现的事件

D. 产品或服务为满足特定需要而提供的功能

问题 21 新服务请求的工作流应该如何设计？ （ ）

A. 所有类别的服务请求使用单一工作流

B. 各类服务请求使用不同工作流

C. 简单服务请求免用工作流

D. 尽可能使用现有工作流

问题 22 下面哪项不是信息和技术维度的重点？ （ ）

A. 安全性和遵从性

B. 通信系统和知识库

C. 工作流程管理和库存系统

D. 角色和职责

问题 23 哪个指导原则建议将工作组织成更小的、可管理的、可以及时执行和完成的部分? ( )

A. 注重价值

B. 从你现在的位置开始

C. 有反馈的迭代式进展

D. 合作并提高知名度

问题 24 组织中每个人的职责是什么? ( )

A. 服务水平管理

B. 变更控制

C. 问题管理

D. 持续改进

问题 25 服务台所提供服务的目的是什么? ( )

A. 通过确定事件的实际和潜在原因来减少事件发生的可能性和影响

B. 通过确保风险得到适当的评估,使成功的 IT 变更的数量最大化

C. 捕获故障和服务请求的需求

D. 为服务绩效设定明确的基于业务的目标

问题 26 哪种价值链活动能确保人们理解组织的愿景? ( )

A. 改进   B. 计划

C. 交付和支持   D. 获取或构建

问题 27 下面哪项实践负责将组件移至生产环境? ( )

A. 变更实施   B. 发布管理

C. IT 资产管理   D. 部署管理

问题 28 下面哪项为用户提供了系统访问权限? ( )

A. 服务请求

B. 服务协议

C. 服务消费

D. 服务供应

问题 29　下面哪项实践包括用户查询和请求的分类与所有权？　　　　（　　）

A. 服务台　　　　　　　　　　　　B. 事件管理

C. 变更实施　　　　　　　　　　　D. 服务级别管理

问题 30　下面哪项原则重点关注服务消费者？　　　　　　　　　（　　）

A. 基于当前情况开始

B. 优化和自动化

C. 保持简单

D. 专注于价值

问题 31　下面哪项实践可用于确定指标，以反映客户的服务体验？（　　）

A. 持续改进　　　　　　　　　　　B. 服务台

C. 服务级别管理　　　　　　　　　D. 问题管理

问题 32　对于持续改进登记册（CIR）来说，下面哪项至关重要？（　　）

A. 记录、评估改进想法并进行优先级排序

B. 在单个持续改进登记册中保存多个来源的改进想法

C. 从持续改进登记册中移除未立即实施的改进想法

D. 测试、资助和约定改进想法

问题 33　变更日程的主要用途是什么？　　　　　　　　　　　（　　）

A. 支持事件管理和改进规划

B. 管理紧急变更

C. 辅助计划变更和避免冲突

D. 管理标准变更

问题 34　下面哪项活动为持续改进模型中的"我们现在处于怎样的阶段"步骤提供支持？　　　　　　　　　　　　　　　　　　　　　　　　　　　　　（　　）

A. 执行改进行动

B. 执行基线评估

C. 明确改进计划

D. 理解业务使命

问题 35 下面哪个服务管理维度侧重于活动以及活动之间的协调情况？（　　）

A. 组织和人员　　　　　　　　　　B. 信息和技术

C. 合作伙伴与供应商　　　　　　　D. 价值流和流程

问题 36 服务消费者可通过下面哪种方式协助降低风险？（　　）

A. 通过支付服务费用

B. 通过管理服务器硬件

C. 通过主动参与并传达约束

D. 通过管理员工可用性

问题 37 事件分类可为事件管理实践提供哪些帮助？（　　）

A. 有助于将事件导向正确的支持区域

B. 可确定事件优先级

C. 可确保事件在与客户商定的时间范围内得到解决

D. 可决定人们对服务提供方的看法

问题 38 将下面的句子补充完整。

运用"基于当前情况开始"指导原则时，应使用＿＿＿＿＿＿＿来支持而非替代所观察到的内容。（　　）

A. 测量（度量）　　　　　　　　　B. 工具

C. 计划　　　　　　　　　　　　　D. 流程

问题 39 将下面的句子补充完整。

服务是一种通过促成客户希望实现＿＿＿＿＿＿＿，并用来共创价值的手段。（　　）

A. 功效　　　　　　　　　　　　　B. 结果

C. 功用　　　　　　　　　　　　　D. 输出

问题 40 下面哪项是一种实现价值共创的方式，客户无须承担特定成本或风险即可促成其期望实现的结果？（　　）

A. 服务管理　　　　　　　　　　　B. 持续改进

C. 服务　　　　　　　　　　　　　D. IT 资产

2.2 第二套全真模拟试题

问题 1 下面哪项指导原则建议评估当前状态并决定哪些方面可重复利用？（   ）

A. 专注于价值

B. 基于当前情况开始

C. 协作并促进可见性

D. 利用反馈迭代式进展

问题 2 问题管理的三个阶段分别指什么？（   ）

A. 问题记录、问题分类和问题解决

B. 事件管理、问题管理和变更实施

C. 问题识别、问题控制和错误控制

D. 问题分析、错误识别和事件解决

问题 3 将下面的句子补充完整。

使用 IT 服务管理工具支持事件管理实践_____。（   ）

A. 可确保在约定时间内找出事件原因

B. 可将事件与问题或已知错误进行自动匹配

C. 可确保供应商合同与服务提供方的需求相一致

D. 可提供自动化解决方案并关闭复杂事件

问题 4 下面哪项是标准变更的最佳示例？（   ）

A. 评审和授权客户请求的变更

B. 为响应供应商安全难点而实施关键软件补丁

C. 为响应服务请求而安装软件应用

D. 为响应重大事件而更换组件

问题 5 下面哪个角色可提出服务请求？（   ）

A. 用户或其授权代表   B. 客户或其授权代表

C. 赞助方或其授权代表   D. 供应商或其授权代表

问题 6 下面哪个维度关注知识资产的保护方式？ （　　）

A. 组织和人员　　　　　　　　　B. 合作伙伴与供应商

C. 信息和技术　　　　　　　　　D. 价值流和流程

问题 7 下面哪项实践为用户提供单一联系点？ （　　）

A. 事件管理　　　　　　　　　　B. 变更实施

C. 服务台　　　　　　　　　　　D. 服务请求管理

问题 8 有关问题和已知错误的信息可为事件管理提供哪些支持？ （　　）

A. 启动快速有效的事件诊断

B. 不再需要定期进行客户更新

C. 事件解决期间不再需要协作

D. 启动对已知错误的重新评估

问题 9 下面哪项指导原则建议考虑服务管理的四个维度？ （　　）

A. 整体思考和工作

B. 利用反馈迭代式进展

C. 专注于价值

D. 保持简单实用

问题 10 下面哪项最贴切地描述了"改进"价值链活动的目的？ （　　）

A. 将重大改进计划分割成数个较小计划

B. 提供新的和改进的服务与特性以供使用

C. 确保对所有产品和服务的愿景和改进方向有一个共同理解

D. 持续改进所有价值链活动中的所有产品和服务

问题 11 服务请求管理实践可支持下面哪项请求？ （　　）

A. 请求授权可能对服务产生影响的某项变更

B. 用户请求了解服务交付的某个正常部分

C. 服务中断后，请求恢复服务

D. 请求调查多个相关事件的原因

问题 12 对活动实施自动化之前，首先必须要做什么？ （　　）

A. 检查活动是否已优化

B. 检查是否已购买合适的新技术

C. 确保已成功实施 DevOps

D. 确保解决方案已不再需要人为干预

问题 13 下面哪项实践是全体组织成员的责任？ （　　）

A. 服务级别管理

B. 变更实施

C. 问题管理

D. 持续改进

问题 14 什么是功效？ （　　）

A. 对产品或服务会满足约定要求的保证

B. 在具体活动或资源上支出的费用

C. 产品或服务为满足特定需求而提供的功能

D. 对某一事物效用、实用性和重要性的看法

问题 15 将下面的句子补充完整。

信息安全管理实践的目的在于_____组织信息。 （　　）

A. 存储

B. 提供

C. 审核

D. 保护

问题 16 下面哪项实践会使用 SWOT 分析、平衡计分卡评审和成熟度评估等技术？

（　　）

A. 事件管理

B. 问题管理

C. 持续改进

D. 服务请求管理

问题 17 下面哪项指导原则建议先收集数据,再决定哪些内容可重复使用? ( )

A. 专注于价值

B. 基于当前情况开始

C. 保持简单实用

D. 利用反馈迭代式进展

问题 18 下面哪项被定义为对 IT 服务管理具有重大影响的状态变更? ( )

A. 事态

B. 事件

C. 问题

D. 已知错误

问题 19 一个组织已经在内部网站上建立了一个大家都可以提出个人想法的页面,并鼓励员工在遇到阻碍实现结果的问题时尝试不同的工作方法。下面哪些概念涉及这些变化? ( )

A. 集成和数据共享

B. 高级分析

C. 团队文化

D. 持续改进的文化

问题 20 关系管理实践的目的是什么? ( )

A. 建立和培养组织和其利益相关者之间的关系

B. 让组织实践和服务与不断变化的业务需求相一致

C. 就服务性能设定明确的业务目标

D. 为约定服务质量提供支持,从而处理所有约定的、用户发起的服务请求

问题 21 下面哪一项描述了指导原则的性质? ( )

A. 指导原则可在任何情况下指导组织行动

B. 每项指导原则均针对特定的行动和决策

C. 一个组织将从七项基本原则中只选择一项予以采纳

D. 指导原则描述了所有组织均需采纳的流程

问题 22 下面哪项应记录并作为问题来管理？　　　　　　　　　　（　　）

A. 用户请求交付笔记本电脑

B. 监视工具检测到服务状态变更

C. 趋势分析显示大量类似事件

D. 持续改进需要优先考虑改进机会

问题 23 下面哪项关于变更授权人的表述是正确的？　　　　　　（　　）

A. 所有类型的变更和变更模型应分配同一个变更授权人

B. 每一类变更和变更模型均要分配一个变更授权人

C. 正常变更已获得预先授权，无须变更授权人

D. 紧急变更可直接实施，无须获得变更授权人的授权

问题 24 下面哪项实践要求员工展现出色的客户服务技能，如同理心和情商？（　　）

A. 问题管理

B. 供应商管理

C. 发布管理

D. 服务台

问题 25 下面哪项实践的目的是提供新的和变更的服务和特性以供使用？（　　）

A. 变更实施

B. 服务请求管理

C. 发布管理

D. 部署管理

问题 26 将下面的句子补充完整。

服务配置管理实践的目的在于确保在需要的时间和位置提供有关服务配置以及支持_____的准确且可靠的信息。　　　　　　　　　　　　　　　　（　　）

A. 供应商

B. 配置项

C. 客户

D. 资产

问题 27　下面哪项实践通过捕捉和报告服务绩效来提供组织服务的可见性?　　（　　）

A.服务台

B.服务级别管理

C.服务请求管理

D.服务配置管理

问题 28　信息安全管理实践的目的是什么?　　（　　）

A.保护组织所需信息以便开展业务

B.观察服务和服务组件

C.确保在需要的时间和位置提供有关服务配置的准确且可靠的信息

D.计划和管理所有 IT 资产的完整生命周期

问题 29　下面哪项有关价值链活动的表述是正确的?　　（　　）

A.每项实践均属于特定的价值链活动

B.价值链活动和实践的特定组合构成服务关系

C.服务价值链活动形成了一个支持价值创建的单一工作流

D.每个价值链活动均通过将特定输入转化为输出来为价值链提供支持

问题 30　下面哪项实践拥有和管理来自用户的难点、查询和请求?　　（　　）

A.事件管理

B.服务台

C.变更实施

D.问题管理

问题 31　供应商管理实践的目的是什么?　　（　　）

A.确保组织的供应商及其绩效受到妥善管理,以支持无缝供应优质的产品与服务

B.通过持续识别和改进服务,确保组织实践和服务能够与不断变化的业务需求保持一致

C.通过协调营销、销售与交付活动,确保组织的供应商及其绩效能够在战略和战术层面受到妥善管理

D.确保在需要的时间和位置提供有关供应商服务配置的准确且可靠的信息

问题 32 下面哪项实践的目的包括确保组织的供应商及其绩效受到妥善管理,以支持无缝供应优质的产品与服务? ( )

A. 发布管理

B. 供应商管理

C. 服务管理

D. 关系管理

问题 33 服务消费者应评估哪两类成本? ( )

A. 服务的价格以及创建服务的成本

B. 服务所削减的成本以及服务所施加的成本

C. 提供服务的成本以及改进服务的成本

D. 软件成本以及硬件成本

问题 34 什么时候需要针对标准变更执行充分的风险评估和授权? ( )

A. 每次实施标准变更时

B. 创建标准变更程序时

C. 至少每年一次

D. 提出紧急变更请求时

问题 35 下面哪项是服务台实践的目的? ( )

A. 通过确定事件的实际和潜在原因,降低事件的可能性和影响

B. 通过确保对风险进行适当评估,最大限度提高 IT 变更的成功次数

C. 了解事件解决方案和服务请求方面的需求

D. 就服务绩效设定明确的业务目标

问题 36 应利用下面哪项来设置用户对服务请求时间的期望? ( )

A. 客户指示的服务交付时间

B. 消费者的服务需求

C. 实际交付服务所需的时间

D. 供应商的服务级别

问题 37 组织如何采用持续改进方法？ （ ）

A. 组织使用新方法来处理各项改进

B. 组织选择一些关键方法来处理某些类型改进

C. 培养尽可能使用多种改进方法的能力

D. 组织选择一个方法来处理所有改进

问题 38 组织要求利益相关者审核所计划的变更。这体现了下面哪项指导原则？
（ ）

A. 协作并促进可见性　　　　　　　B. 基于当前情况开始

C. 专注于价值　　　　　　　　　　D. 保持简单实用

问题 39 下面哪项指导原则主要关注消费者的收入和成长？ （ ）

A. 保持简单实用

B. 优化和自动化

C. 利用反馈迭代式进展

D. 专注于价值

问题 40 在应用保持简单实用指导原则时，下面哪项是正确的？ （ ）

A. 仅在需要时增加控制和指标

B. 先设计控制和指标，然后再移除无法增值的元素

C. 设计控制和指标，然后一一添加，直至全部实施

D. 仅添加合规要求的控制和指标

2.3　第三套全真模拟试题

问题 1 下面哪项是服务台实践的建议？ （ ）

A. 服务台应避免自动化操作

B. 服务台应高度技术化

C. 服务台应了解更广泛的组织

D. 服务台应为在某个固定位置工作的有形团队

问题2 下面哪两项关于服务请求管理实践的表述是正确的？（　　）

1. 服务请求是一般服务交付的一部分
2. 投诉可作为服务请求来处理
3. 服务请求源自服务失效
4. 正常变更应作为服务请求来处理

A. 1 和 2　　　　　　　　　　B. 2 和 3
C. 3 和 4　　　　　　　　　　D. 1 和 4

问题3 下面哪项指导原则建议将工作划分成可管理、可及时执行和完成的较小部分？（　　）

A. 专注于价值
B. 基于当前情况开始
C. 利用反馈迭代式进展
D. 协作并促进可见性

问题4 下面哪项实践可通过降低服务中断的负面影响来改进客户和用户的满意度？（　　）

A. 服务请求管理
B. 服务级别管理
C. 事件管理
D. 变更实施

问题5 什么是标准变更？（　　）

A. 充分理解、充分记录和预先授权的变更
B. 需要通过变更授权人来评估、授权和计划的变更
C. 因为是解决事件所必需而无须风险评估的变更
D. 作为持续改进的一部分需要评估、授权和计划的变更

问题6 下面哪个维度最关注技能、能力、角色和职责？（　　）

A. 组织和人员　　　　　　　　B. 信息和技术
C. 合作伙伴与供应商　　　　　D. 价值流和流程

问题 7 如果对于无法通过经济高效方式解决的问题,临时方案变为永久解决方案,会发生什么? （　）

A. 会提交变更请求以实施变更

B. 会通过问题管理尽快恢复服务

C. 问题仍将处于已知错误状态

D. 会删除问题记录

问题 8 下面哪两种情形需考虑 ITIL 指导原则? （　）

1. 每次计划时

2. 与利益相关者建立关系时

3. 仅在制订与原则相关的计划时

4. 仅在建立与原则相关的特定利益相关者关系时

A. 1 和 2　　　　　　　　　　　B. 2 和 3

C. 3 和 4　　　　　　　　　　　D. 1 和 4

问题 9 下面哪项价值链活动会传达服务管理的四个维度的当前状态? （　）

A. 改进

B. 联络

C. 获取/构建

D. 计划

问题 10 下面哪项是发布管理的目的之一? （　）

A. 保护组织信息

B. 处理用户发起的服务请求

C. 提供新的和变更的服务以供使用

D. 移动硬件和软件至生产环境

问题 11 什么是事态? （　）

A. 对服务或其他配置项的管理有重大意义的状态变更

B. 为交付 IT 服务而需要进行管理的任何组件

C. 服务的意外中断或服务质量的下降

D. 任何能够给 IT 产品或服务的交付提供支持且具有财务价值的组件

问题 12 服务价值系统有哪些要素？ （   ）

A. 服务供应、服务消费、服务关系管理

B. 治理、服务价值链、实践

C. 结果、功用、功效

D. 客户价值、利益相关者价值、组织

问题 13 什么是结果？ （   ）

A. 有形或无形交付物

B. 通过产品或服务提供的功能

C. 利益相关者期望的成果

D. 组织资源的配置

问题 14 下面哪项描述指的是一般变更？ （   ）

A. 通常风险低且已预先授权的变更

B. 流程过后需要计划和评估的变更

C. 通常作为服务请求发起的变更

D. 必须尽快实施的变更

问题 15 下面哪项不是信息和技术维度的关键关注点？ （   ）

A. 安全与合规

B. 通信系统与知识库

C. 工作流管理与库存系统

D. 角色与职责

问题 16 下面哪项是对合格服务级别协议的关键需求？ （   ）

A. 应使用法律语言编写

B. 应简单编写且易于理解

C. 应以服务提供方对服务的看法为基础

D. 应与简单的运营指标相关

问题 17 实施问题解决方案通常涉及哪些实践？ （ ）

1. 持续改进
2. 服务请求管理
3. 服务级别管理
4. 变更实施

A. 1 和 2   B. 2 和 3
C. 3 和 4   D. 1 和 4

问题 18 下面哪项关于结果的表述是正确的？ （ ）

A. 结果是指满足服务消费者需求的一个或多个服务
B. 服务提供方会帮助服务消费者获得结果
C. 结果帮助服务消费者获得输出
D. 帮助服务消费者获得结果可降低服务提供方的成本

问题 19 下面哪项是"保持简单实用"指导原则的关键考虑因素？ （ ）

A. 努力为每个异常创建一个解决方案
B. 了解每个元素如何有助于价值创造
C. 忽略不同利益相关者之间有所冲突的目标
D. 从复杂解决方案开始，然后简化

问题 20 下面哪项被定义为为交付 IT 服务而需要进行管理的任何组件？ （ ）

A. 服务请求
B. 配置项（CI）
C. 事件
D. IT 资产

问题 21 在应用"专注于价值"指导原则时首先要做什么？ （ ）

A. 识别服务要促成的结果
B. 识别参与服务的所有供应商和合作伙伴
C. 确定各种情况下的服务消费者
D. 确定提供服务的成本

问题 22 下面哪项可作为服务价值链的外部输入？（　　）

A. "改进"价值链活动

B. 整体计划

C. 客户需求

D. 反馈回路

问题 23 服务提供方描述了一个组合，其中包含一台带有软件、许可证和支持的笔记本电脑。该组合属于下面哪一项？（　　）

A. 价值

B. 结果

C. 功效

D. 一种服务供给

问题 24 下面哪项是服务台员工需要具备的最重要技能？（　　）

A. 事件分析技能

B. 技术技能

C. 问题解决技能

D. 供应商管理技能

问题 25 功效的定义是什么？（　　）

A. 通过开展活动而生成的有形或无形交付物

B. 产品或服务将会符合约定需求的保证

C. 可能导致伤害或损失，或使目标难以实现的事态

D. 产品或服务为满足特定需求而提供的功能

问题 26 下面哪项服务级别指标最适合衡量用户体验？（　　）

A. 基于单一系统的指标

B. 服务正常运行时间百分比指标

C. 运行指标

D. 与明确结果相关联的指标

问题 27 自动化程度提高对服务台实践有何影响？ （ ）

A. 需要人工联系时,会更加注重客户体验

B. 减少事件记录和解决方案自助服务

C. 增加对固定技术而非支持人员的才能

D. 不需要将事件升级给支持团队

问题 28 组织在决策时,七项指导原则将怎样整合到一起？ （ ）

A. 在进行任何决策时平等使用所有指导原则

B. 使用一到两个与特定决策最相关的指导原则

C. 使用专注于价值和一到两个与特定决策相关的其他原则

D. 评审各项指导原则以确定其与特定决策的相关程度

问题 29 下面哪项通常是通过由 IT 服务、配置项或监视工具创建的通知来确定的？

（ ）

A. 事件 B. 问题

C. 事态 D. 请求

问题 30 用户是指使用服务的什么？ （ ）

A. 组织 B. 角色

C. 团队 D. 供应商

问题 31 下面哪项描述了服务所提供的功能？ （ ）

A. 成本 B. 功用

C. 功效 D. 风险

问题 32 下面哪项 ITIL 指导原则推荐在改进服务时使用现有服务、流程和工具？

（ ）

A. 利用反馈迭代式进展

B. 保持简单实用

C. 基于当前情况开始

D. 专注于价值

问题 33 为什么服务台人员需要检测反复出现的难点？　　（　）

A. 为了协助确定问题

B. 为了将事件升级至合适的支持团队

C. 为了确保有效处理服务请求

D. 为了联络相关变更授权人

问题 34 下面哪项实践可为用户提供所需使用的应用？　　（　）

A. 服务配置管理

B. 变更实施

C. 服务请求管理

D. 服务级别管理

问题 35 监视和事态管理实践的目的是什么？　　（　）

A. 确保在需要的时间和位置提供有关服务配置的准确且可靠的信息

B. 系统化观察服务和服务组件，并记录和报告选定的状态变更

C. 保护组织所需信息以便开展业务

D. 通过尽快恢复正常服务运营，最大限度降低事件负面影响

问题 36 下面哪项是变更授权的正确方式？　　（　）

A. 变更日程中的变更均已经过预先授权，无须获得额外授权

B. 一般变更应在部署前评估和授权

C. 紧急变更应尽可能增加授权人，以降低风险

D. 正常变更一般作为服务请求实施并由服务台授权

问题 37 下面哪一项描述了如何利用组件和活动创造价值？　　（　）

A. ITIL 服务价值系统（SVS）

B. ITIL 指导原则

C. 服务管理的四个维度

D. 服务关系

问题 38 服务价值链活动"设计与转换"的目的包含下面哪一项？ （ ）

A. 确保服务组件可用并符合协定规范

B. 确保根据协定规范提供服务

C. 确保产品和服务一直满足利益相关者的期望

D. 确保对所有维度的愿景有一个共同理解

问题 39 下面哪项是所有持续改进决策的基础？ （ ）

A. 详细的服务衡量方法

B. 准确认真分析的数据

C. 最新平衡计分卡

D. 近期成熟度评估

问题 40 变更日程主要用于下面哪个选项？ （ ）

A. 帮助计划、授权和安排紧急变更

B. 发布可供用户选择的服务请求列表

C. 确保单个变更授权人评审所有变更

D. 帮助计划变更、协助沟通和避免冲突

2.4　第四套全真模拟试题

问题 1 下面哪项实践建议使用工具进行协调和基于用户需求的自动匹配？ （ ）

A. 问题管理

B. 服务级别管理

C. 事件管理

D. 服务请求管理

问题 2 下面哪项 ITIL 实践的目的是在组织和其利益相关者之间建立和培养战略与战术层面上的关系？ （ ）

A. 供应商管理　　　　　　　　B. 变更实施

C. 关系管理　　　　　　　　　D. 服务台

问题 3　为什么应对事件要进行优先级排序？　　　　　　　　　　　　（　）

A. 为了将事件与问题或已知错误进行自动匹配

B. 为了明确事件应升级至哪个支持团队

C. 为了确保优先解决对业务影响最大的事件

D. 为了鼓励在团队内部与团队之间提高协作水平

问题 4　在服务关系中哪些利益相关者会共创价值？　　　　　　　　（　）

A. 投资者和供应商　　　　　　　　B. 消费者和提供方

C. 提供方和供应商　　　　　　　　D. 投资者和消费者

问题 5　服务台应该是谁与其所有用户之间的切入点和单一联系点？（　）

A. 服务消费者　　　　　　　　　　B. 服务提供方

C. 客户　　　　　　　　　　　　　D. 供应商

问题 6　下面哪一项是应用"利用反馈迭代式进展"指导原则的成果？（　）

A. 发现失效以及提前响应的才能

B. 实践和服务的标准化

C. 理解客户的价值观

D. 理解当前状态并确定可重复利用的内容

问题 7　什么是输出？　　　　　　　　　　　　　　　　　　　　　（　）

A. 对配置项的管理有重大意义的状态变更

B. 可造成伤害或损失的可能事态

C. 利益相关者成果

D. 通过执行活动创造的东西

问题 8　在应用"协作并促进可见性"指导原则时，下面哪项可协助减少计划改进的阻力？　　　　　　　　　　　　　　　　　　　　　　　　　　　　　　　　（　）

A. 改进相关信息仅限于主要利益相关者知晓

B. 提高改进协作与可见性

C. 完成所有计划后让客户参与其中

D. 通过同样的沟通让所有利益相关者以相同方式参与进来

问题 9 下面哪一项不会作为服务请求来处理？　　　　　　　　（　）

A. 服务质量下降

B. 更换墨盒

C. 提供笔记本电脑

D. 对支持团队的投诉

问题 10 下面哪项有助于组织采纳和调整 ITIL 的指导方针？（　）

A. 服务管理的四个维度　　　　　B. 指导原则

C. 服务价值链　　　　　　　　　D. 实践

问题 11 在优化中，第一步要做什么？　　　　　　　　　　（　）

A. 确保利益相关者参与

B. 理解组织愿景与目标

C. 确定最为积极的影响

D. 标准化实践和服务

问题 12 什么是功用？　　　　　　　　　　　　　　　　　（　）

A. 服务为满足特定需要而提供的功能

B. 对服务会满足约定需求的保证

C. 在具体活动或资源上支出的费用

D. 对某一事物效用、实用性和重要性的看法

问题 13 什么是问题？　　　　　　　　　　　　　　　　　（　）

A. 一种会对服务构成影响的增加或修改

B. 对配置项的管理有重大意义的状态变更

C. 一个或多个事件的实际或潜在原因

D. 服务质量计划外的下降

问题 14 下面哪项实践可提供新服务以供使用？　　　　　　（　）

A. 变更实施　　　　　　　　　　B. 发布管理

C. 部署管理　　　　　　　　　　D. IT 资产管理

问题 15 下面哪项的目的在于确保组织与所有利益相关者一起朝着组织的目标持续共创价值？   （ ）

A."专注于价值"指导原则

B.服务管理的四个维度

C.服务价值系统

D."服务请求管理"实践

问题 16 下面哪项活动将作为问题管理的一部分来实施？   （ ）

A.创建事件记录

B.诊断和解决事件

C.将事件升级至支持团队来解决

D.事件记录的趋势分析

问题 17 最早可何时在问题管理中记录临时方案？   （ ）

A.记录问题后

B.对问题进行优先级排序后

C.对问题进行分析后

D.问题解决后

问题 18 组织如何让第三方供应商协助服务的持续改进？   （ ）

A.确保供应商在合同中详述他们的服务改进方案

B.请求证明供应商使用了敏捷开发方式

C.请求证明供应商通过项目管理实践实施了所有改进措施

D.确保供应商的所有问题管理活动均可促成改进

问题 19 下面哪项实践可为管理用户反馈、称赞和投诉提供支持？   （ ）

A.变更实施

B.服务请求管理

C.问题管理

D.事件管理

问题 20 下面哪项可帮助诊断和解决事件？ ( )

A. 快速升级

B. 组建临时团队

C. 使用脚本

D. 问题优先化

问题 21 变更日程用于下面哪项目的？ ( )

A. 帮助计划紧急变更

B. 帮助授权标准变更

C. 帮助协助变更授权

D. 帮助管理正常变更

问题 22 服务供给可以包括商品、资源访问权限以及服务行动。下面哪项是服务行动示例？ ( )

A. 手机使用户能够远程工作

B. 密码允许用户连接至 WiFi 网络

C. 许可证允许用户安装软件产品

D. 服务台代理向用户提供支持

问题 23 服务提供方与服务消费者之间的哪项联合活动可确保持续共创价值？
( )

A. 服务供应

B. 服务消费

C. 服务供给

D. 服务关系管理

问题 24 下列哪项实践涉及发起灾难恢复？ ( )

A. 事件管理

B. 服务请求管理

C. 服务级别管理

D. IT 资产管理

问题 25 下面哪项 ITIL 指导原则表明了相比长时间分析不同选择来说,做实事的重要性？ （　　）

A. 优化和自动化

B. 基于当前情况开始

C. 专注于价值

D. 利用反馈迭代式进展

问题 26 下面哪项指导原则强调需要了解进行中的工作流、识别瓶颈和发现浪费？（　　）

A. 专注于价值

B. 协作并促进可见性

C. 整体思考和工作

D. 保持简单实用

问题 27 通过促成客户想要的结果来实现价值共创的方式是什么？ （　　）

A. 服务

B. 输出

C. 实践

D. 持续改进

问题 28 IT 组织中的员工非常忙碌,但执行的大部分任务对组织几乎没有价值。下面哪项指导原则建议去除不必要的工作？ （　　）

A. 保持简单实用

B. 整体思考和工作

C. 基于当前情况开始

D. 利用反馈迭代式进展

问题 29 下面哪项服务管理维度涉及治理、管理和沟通？ （　　）

A. 组织和人员

B. 信息和技术

C. 合作伙伴与供应商

D. 价值流和流程

问题 30 已知问题是指已经做了下面什么操作,但尚未解决的问题? （　　）

A. 记录　　　　　　　　　　　　　B. 分析

C. 升级　　　　　　　　　　　　　D. 结束

问题 31 下面哪项实践的目的包括管理能够给 IT 服务的交付提供支持且具有财务价值的组件? （　　）

A. 部署管理

B. 持续改进

C. 监视和事态管理

D. IT 资产管理

问题 32 服务请求管理实践依靠什么获得最大效率? （　　）

A. 称赞和投诉　　　　　　　　　　B. 自服务工具

C. 流程和程序　　　　　　　　　　D. 事件管理

问题 33 下面哪项关于服务台实践的表述是正确的? （　　）

A. 该实践在战略和战术层面与利益相关者建立联系

B. 该实践执行变更评估和授权

C. 该实践调查事件原因

D. 该实践需要切实了解业务流程

问题 34 下面哪项实践可确保提供有关配置项以及各个配置项之间关系的准确和可靠的信息? （　　）

A. 服务配置管理

B. 服务台

C. IT 资产管理

D. 监视和事态管理

问题 35 下面哪项实践包括尽快恢复正常服务运营的目的? （　　）

A. 供应商管理　　　　　　　　　　B. 部署管理

C. 问题管理　　　　　　　　　　　D. 事件管理

问题 36　下面哪项是每次遇到问题都要做的？　　　　　　　　　　　　（　　）

A. 通过诊断寻找可能的解决方案

B. 基于其潜在影响和可能性进行优先级排序

C. 予以解决，以便完结

D. 通过临时方案来降低影响

问题 37　下面哪项考虑因素会影响组织的供应商战略？　　　　　　　（　　）

A. 合同和协议

B. 与供应商的合作类型

C. 组织的企业文化

D. 正式程度

问题 38　关系管理实践的目的是什么？　　　　　　　　　　　　　　（　　）

A. 让组织实践和服务与不断变化的业务需求相一致

B. 在组织和其利益相关者之间建立和培养战略与战术层面上的关系

C. 通过确定事件的实际和潜在原因以及管理临时方案和已知错误来减少事件发生概率和影响

D. 通过尽快恢复正常服务运营来最大程度降低事件负面影响

问题 39　下面哪项实践的目的包括帮助组织实现价值最大化、控制成本和管理风险？

　　　　　　　　　　　　　　　　　　　　　　　　　　　　　　　　（　　）

A. 关系管理

B. IT 资产管理

C. 发布管理

D. 服务台

问题 40　下面哪项是紧急变更的最佳示例？　　　　　　　　　　　　（　　）

A. 执行计划的新版软件发布

B. 作为服务请求实施的低风险计算机升级

C. 在关键软件应用中实施安全补丁

D. 计划的重要硬件和软件实施

第 3 章 ITIL 4 中高级认证模拟试题

本章全真模拟试题涉及多个 ITIL 管理专家级所涉及的所有模块内容，适合已经持有 ITIL V3 专家级证书，并经已上过官方指定的 ITIL 管理专家级的过渡课程的考生。通过本章三套模拟试题来评估考生对 ITIL 4 管理专家级证书（ITIL Managing Professional）所需知识的掌握程度。其中第三套模拟试题是对前两套模拟试题重要知识点的回顾，所谓"温故而知新"，故第三套模拟试题会重复出现第一套模拟试题和第二套模拟试题的原题内容。如果每套题的正确率都在 80% 及以上，建议可以考虑去参加对应的上机考试。考试有 40 道题，正确率在 70% 以上即视为通过，即可获得 ITIL 4 管理专家级证书。

需要注意的是，目前主流考试的问题的呈现形式是英文，所以考生在真正参加考试之前可还需要确保有一定的英文基础，并熟记本书第 8 章提供的 ITIL 中英文术语表。

3.1 第一套全真模拟试题

问题 1 下面哪一个是团队协作的最好例子？　　　　　　　　　　　　（　　）

A. 与他人合作实现个人目标

B. 实施技术以促进团队成员之间的沟通

C. 共同努力实现一个共同的组织目标

D. 调整所有个人和团体的目标和 KPI

问题 2 一个组织正在提倡鼓励员工在遇到工作困难时应尝试采取不同的工作方法。哪些概念涉及这些变化？　　　　　　　　　　　　　　　　　　　　　　　　（　　）

A. 共享文化　　　　　　　　　　　　B. 管控文化

C. 团队文化　　　　　　　　　　　　D. 持续改进的文化

问题3 被要求激励他人采用支持组织目标所需的新工作方式的个人,他/她需要什么样的能力特质?　　　　　　　　　　　　　　　　　　　　　　　　　　　(　　)

A. 管理员　　　　　　　　　　　B. 领袖(领导者)

C. 协调/沟通　　　　　　　　　　D. 技术专家

问题4 一个组织正在经历事件解决的延迟,因为支持团队之间缺乏清晰的升级路径。这些延误有时会导致组织损失很多资金。该组织已决定调查事件解决过程中涉及的活动,并产生一个活动流,该活动流从中断发生时一直连接到确定解决方案为止。这是哪个概念的一个例子?　　　　　　　　　　　　　　　　　　　　　　　　　　　(　　)

A. 组织结构　　　　　　　　　　B. 协作

C. 价值流　　　　　　　　　　　D. 劳动力计划

问题5 一个组织已经决定将一些测试活动移到软件开发生命周期的早期阶段。该组织应用了哪个概念?　　　　　　　　　　　　　　　　　　　　　　　　　　　(　　)

A. 左移　　　　　　　　　　　　B. 机器人过程自动化

C. 服务集成与管理　　　　　　　D. 集成和数据共享

问题6 一个组织有开发团队来响应对其应用程序的变更请求。这些请求有一定的紧急程度。开发团队已经意识到,低优先级的请求需要很长时间才能解决,因为总是有高优先级的请求。下面哪种概念最有助于解决这种情况?　　　　　　　　　　(　　)

A. 团队文化和差异

B. 工作优先级

C. 构建与购买的考量

D. 高级分析

问题7 组织将日常故障(事件)按照高、中、低的顺序进行排序,从而决定故障(事件)解决的顺序。该组织总是在解决高优先级和中等优先级故障(事件)之后再解决低优先级故障(事件),这有时意味着永远解决不了低优先级故障(事件)。该组织已经收到来自低优先级故(事件)障所对应的用户投诉,因为解决时间长。对于组织来说,解决这种情况的最佳方法是什么?　　　　　　　　　　　　　　　　　　　　　　　　　　　(　　)

A. 关闭已收到投诉的低优先级事件,转而开放投诉记录

B. 为每个优先级创建单独的待办事项,以减少事件分配和处理的复杂性

C. 为长期存在的低优先级事件创建问题记录,以确保将其升级到正确的团队

D. 定期检查未解决的低优先级事件,必要时将事件升级

问题 8 在什么情况下,一个组织应该构建而不是购买软件? （　　）

A. 当组织需要软件可以快速使用时

B. 当商用软件应用程序高度商品化时

C. 当该解决方案在商业上不可用,且组织拥有可用于提供可量化竞争优势的内部资源时

D. 当软件不需要执行组织的战略或维持组织的竞争优势时

问题 9 改进的定义是什么? （　　）

A. 正式记录管理期望的陈述

B. 提升服务或产品交付价值的能力

C. 创建实现服务提供者目标的方法

D. 为服务提供者所在组织提供指导

问题 10 下面哪种概念最能确保活动按照商定的标准或原则进行? （　　）

A. 治理

B. 管理

C. 改进

D. 合规

问题 11 首席信息官(CIO)试图为企业级数据仓库的搭建获得必要资金和高层的支持。为新IT服务争取支持的最佳途径是什么? （　　）

A. 开发一份价值流图,详细说明现有的IT人员和系统如何被用于新服务

B. 建立一个概念服务的证明,并移动一些客户数据到其中,以证明新服务可以交付的价值

C. 制定整体的IT转型项目集,包括所需的新IT投资,以及它们如何共同创造业务价值

D. 开发一个商业论证,清晰地描述服务、它的好处、为什么需要它以及预期的投资回报

问题 12 首席信息官(CIO)已经将价值流映射作为整个 IT 改进工作的关键部分。现有服务的价值流图正在开发中。下面哪种方法会产生最好的结果？　　　　　　　　(　　)

A. 雇佣过程顾问来开发过程图,并尽量减少员工在价值流未来状态设计中的参与

B. 要求价值流的相关方记录他们负责的所有流程步骤,然后将团队成员分配到每个流程步骤以贯彻改进

C. 聘请组织变革管理顾问,确定使价值流更有效所需的态度、行为和文化变革

D. 要求价值流的利益相关者一起工作,寻找优化和消除浪费的方法,并建立度量改进的指标

问题 13 分析 IT 组织成熟度的顾问已经确定,许多活动都是临时进行的,并且在执行工作的方式上有很大的差异。该顾问还指出,许多工作对于成功地交付本组织的产品和服务是不必要的。下面哪种方法最有可能识别和消除浪费或不必要的工作？　　(　　)

A. 开展培训和宣传方案,突出相关浪费性质的工作对本组织目标的影响

B. 确定浪费工作的团队,并更新他们的流程和工具,使他们的工作得到优化

C. 记录价值流,以了解哪里的资源集中在不必要的工作上,并使用持续改进实践来管理机会,以改进整个流程

D. 让组织认为价值较低的 IT 服务退役,然后重新分配员工从事更重要的任务

问题 14 一家新技术公司经历了快速的发展和成功。管理层想要引入一个整体的方法来持续改进,以确保所有的改进努力是可协调的,并支持公司的使命。下面哪两种方法最能支持这一目标？　　　　　　　　　　　　　　　　　　　　　　(　　)

1. 将改进的责任分配给组织的高层团队
2. 采用一套通用的指导原则来持续改进组织
3. 创建和培育一个全组织的文化来拥抱和促进持续改进
4. 分析持续改进系统的外部需求

A. 1 和 2　　　　　　　　　　　　B. 2 和 3

C. 3 和 4　　　　　　　　　　　　D. 1 和 4

问题 15 根据最近的一项评估,IT 人员创造了许多"改进结果"。IT 经理认识到并不是所有的目标都可以实现,他必须优先考虑一些"改进结果"。在确定"改进结果"的优先级

时,应该首先考虑什么? ( )

A. 受影响的员工人数最多

B. 对帮助实现组织愿景的最大影响

C. 达到目标所需要的最小努力

D. 员工以往经历的最长时间的已知问题

问题 16 一个组织正在经历一场数字化的变革,其目标之一是通过新的数字服务提高客户的参与度。高级管理层认为,IT 部门的发展速度不够快,无法实现新的组织愿景。下面哪种 IT 管理行动最有可能对 IT 服务交付和客户价值产生长期的改进? ( )

A. 实施培训计划,明确组织的数字化转型目标,以及如何影响员工的工作和角色

B. 完成员工技能评估,以确定组织在哪些方面缺乏成功交付所需的数字技能

C. 努力建立持续改进的文化,包括强有力的治理

D. 完成一个过程清单,并找出那些最有可能导致不良绩效的改进措施

问题 17 服务提供商正在计划对其服务及交付方式进行重大更改。这个项目将包括对工作人员的工作方法的许多改变。服务提供者考虑改变带来的抵制,希望以敏感的方式管理通信。下列哪种方法最合适? ( )

A. 使用即时消息进行沟通和接收反馈,确保所有受影响的员工快速响应

B. 使用多种的沟通方法,并确保包含反馈机制,允许保持匿名

C. 给受影响的员工发一封电子邮件,确保尽可能多地包含细节

D. 使用多种沟通方法,并确保收到的任何反馈都能在公共论坛上公开分享

问题 18 一个组织正在采用敏捷方法。IT 部门集中在公司办公室。基础架构运营经理对使用敏捷的开发团队非常失望,因为他们没有遵循任何已建立的标准。为了改善运营经理和敏捷开发团队之间的情况,最好的沟通方法是什么? ( )

A. 使用电子邮件沟通,以确保所有的交流都有清晰的记录

B. 安排运营经理和使用敏捷的团队之间的电话联系

C. 在运营经理和使用敏捷的团队之间组织一次面对面的会议

D. 使用组织的社交媒体页面来解释为什么敏捷是最好的方法

问题 19 最近发布的 IT 服务受到停机和可用性问题的影响。IT 运营和支持团队承认，产品和服务是在没有他们参与的情况下选择、设计和交付的。在整个价值链中，哪一个是让运营和支持团队参与的最佳方法？　　　　　　　　　　　　　（　　）

A．回顾文档是如何在开发阶段生成的

B．对整个组织的发布管理活动采取整体的观点

C．回顾服务是如何被计划、设计和交付的端到端方法

D．对整个组织中的变更实施活动采取整体的观点

问题 20 一个小型的、高度活跃的 IT 部门在管理项目工作的同时，一直在努力平衡对事件的响应需求和具有挑战性的运营需求，结果客户的承诺经常没有达成，客户经常打电话来查看工作请求的状态。优化 IT 部门工作流程的最佳方法是什么？　（　　）

A．开发一个建立项目管理办公室的商业论证

B．建立清晰的组织优先级来指导 IT 人员的行动

C．实现一个基本的看板，使工作可见

D．赋予 IT 员工更多决策权力

问题 21 一所小型大学正在通过提供远程教育来扩大其市场范围。以前的解决方案只在内部开发，因此 IT 部门很难与云提供商建立工作关系。下面四个维度中哪一个最有助于解决这一挑战？　　　　　　　　　　　　　　　　　　　　　（　　）

A．组织和人员

B．信息技术

C．合作伙伴和供应商

D．价值流和流程

问题 22 网络安全工程师正在定义为保护防火墙所需的控制。为了确保正确的控制，应该做的第一件事是什么？　　　　　　　　　　　　　　　　　（　　）

A．审查现有的防火墙规则和控制，以确保没有恶化

B．检查风险记录，确保所有的风险都得到了控制

C．联系防火墙供应商以识别该技术的常用技术

D．确定控制需要支持的组织目标

问题 23 新的首席信息官(CIO)参与执行团队为公司制订新的战略计划。该计划要求对 IT 部门进行重大改革,以实现积极的目标。在开始主要的 IT 转型之前,他应该做什么?
(　　)

A. 启动 SWOT 分析,以了解影响能力实现目标的因素

B. 进行变革准备评估,以了解影响团队能力去适应变革的因素

C. 执行基准比较,以了解 IT 部门如何与类似组织中的其他 IT 部门进行比较

D. 组织一个团队进行过程成熟度评估,以了解所有 IT 过程的状态

问题 24 IT 部门正在定义成功因素,以支持"帮助客户降低商业风险"的目标。对于支持这一目标的 IT 部门来说,什么是成功?
(　　)

A. IT 风险的优先级是基于它们对商业风险的贡献

B. 通过实施有效的控制,IT 服务的风险被最小化

C. 商业风险由客户根据其可能性和潜在的客户影响进行排序

D. IT 风险是根据其可能性和对 IT 部门的潜在影响来排序的

问题 25 什么时候组织最适合接受额外的风险、增加的成本等?
(　　)

A. 当它创造了增加价值的可能性时

B. 实现新的人工智能解决方案时

C. 当老板指示时

D. 收集数据作为成熟度评估的一部分

问题 26 一个组织签署了一份合同,将其服务台职能外包给一个供应商。该组织希望确保其客户和用户能够获得无缝的支持服务。在这一阶段,哪些活动对该组织最有帮助?
(　　)

A. 确定资源来源的战略和原则

B. 将供应商活动整合到组织的价值流中

C. 创建供应商入围时使用的标准

D. 提高合同续签效力

问题 27 与组织的服务台团队联系的用户经常抱怨,在与组织内的不同个人和系统通信时,他们需要重复提供信息。与服务台团队合作的专家也抱怨说,他们经常得不到处理用

户查询所需的信息。如何为所有利益相关者解决这些问题？　　　　　　　　（　　）

A. 提供多渠道支持

B. 提供自助服务门户

C. 建立全渠道沟通

D. 自动记录用户电子邮件

问题 28　作为战略计划的一部分，一个组织正在评估用基于云的服务替换其老旧信息系统的优缺点。市场竞争非常激烈，该组织希望确保考虑到所有因素。下面哪种方法能使该组织最好地了解影响这一决定的外部因素？　　　　　　　　　　　　　　（　　）

A. 四个维度的评估　　　　　　　　　　B. 利益相关者分析

C. PESTLE 分析　　　　　　　　　　　D. 业务分析

问题 29　内部 IT 服务提供商不具备创建和交付新服务所需的所有技能，但可以在足够的时间内开发这些技能。有许多外部服务提供商可以马上提供此服务。组织应该遵循哪种方法来决定是使用内部服务提供者还是从外部获取服务？　　　　　　　　　　（　　）

A. 首先回顾外包服务的既定制度流程，然后确定选择服务提供商的重要标准，并使用"多标准角色分析或决策矩阵"来比较服务提供商

B. 从了解内部和外部获取服务的成本开始，然后要求内部和外部服务提供商完成"报价请求"

C. 首先分析并记录详细的服务需求，然后要求外部服务提供商响应需求，记录他们将如何满足这些需求

D. 首先要求内部服务提供商开发所需的技能，然后使用这些新开发的技能在内部创建和交付新的服务

问题 30　客户与供应商彼此的战略伙伴关系的属性是什么？　　　　　　（　　）

A. 共享的信息最少

B. 需要建立信任

C. 客户需要能够轻松退出

D. 这种关系是由价格决定的

问题 31 下面哪项是对不同类型的服务关系的正确陈述？　　　　　　（　）

A. 变革准备对于一个基本的关系是至关重要的

B. 良好的合作对建立伙伴关系至关重要

C. 成熟度和过去的表现对建立伙伴关系至关重要

D. 合作关系对基本关系至关重要

问题 32 一家服务供应商从市场分析中得到信息，某国对其产品的需求量很大。服务提供商现在应该进行哪些活动？　　　　　　　　　　　　　　　　（　）

A. 以专业的方式处理改进机会

B. 生成一个考虑所有所需资源的成本模型

C. 了解并影响不同类型用户的行为

D. 评估定价机制，以确保它们推动期望的行为

问题 33 下面哪种收费机制会导致服务价格根据一天中的时间区间的不同而发生变化？　　　　　　　　　　　　　　　　　　　　　　　　　　　　（　）

A. 成本　　　　　　　　　　　　　B. 成本增加

C. 市场价格　　　　　　　　　　　D. 差异化收费标准

问题 34 服务提供商正在收集基于云的文档存储服务的需求。哪一个是此服务的功用（Utility）要求的示例？　　　　　　　　　　　　　　　　　　　（　）

A. 菜单页将在 5 秒内更新

B. 服务将显示用户上传的项目列表

C. 该服务将允许每个用户有 100GB 的存储空间

D. 每天 24 小时提供服务

问题 35 一个组织正在协商并同意一个社交媒体网站的服务水平。哪一个是服务级别协议（SLA）中应包含的功用（Utility）度量的示例？　　　　　　（　）

A. 上传支持的照片格式数

B. 每天网络故障数

C. 社交媒体页面刷新所用的时间

D. 检测和报告安全漏洞所需的时间

问题 36 服务提供商正在启动一项新服务,面向的是那些使用互联网经验有限、不太可能使用社交媒体的用户。那么提供用户支持的最佳方法是什么? （　　）

A. 为服务台提供简单的在线支持和联系电话

B. 使用机器学习和聊天机器人来预测用户的需求并提供解决方案

C. 提供可下载的帮助文章

D. 使用流行的网站来推广和提供在线用户支持

问题 37 在提供给用户最终的服务访问之前,哪两项是确保用户合法使用的可能检查? （　　）

1. 为所有用户执行年度身份检查
2. 当用户联系服务台团队寻求支持时确认用户身份
3. 确保用户接受需要认证的服务培训
4. 必要时执行安全检查以证明用户身份

A. 1 和 2　　　　　　　　　　B. 2 和 3

C. 3 和 4　　　　　　　　　　D. 1 和 4

问题 38 用户通常不提供反馈,因为他们不相信反馈会得到解决。在这种情况下,鼓励用户提交反馈的最佳方法是什么? （　　）

A. 使反馈处理对每个人都可见

B. 向客户提供用户反馈信息

C. 定期与用户进行面对面反馈

D. 自动响应所有用户的反馈

问题 39 用户提出了一个故障处理请求,因为他们的笔记本电脑性能很差,这可能会影响一笔大买卖。服务级别协议(SLA)规定,响应时间应在 8 小时内,但服务台代理认识到这是一个例外情况,并立即将情况升级给二线或三线的技术支持团队。问题很快就解决了,用户对服务很满意。这是什么例子? （　　）

A. 关键时刻　　　　　　　　　B. 平滑需求

C. 设计思维　　　　　　　　　D. 提升能力

问题 40 一个组织的目标是与他们的服务客户建立伙伴关系。其中一个目标是通过在整个组织内建立服务理念来提高服务信任度和客户满意度。下面哪项是实现这一目标的最佳途径？ （　　）

A. 雇佣并培养优秀的关系经理

B. 在所有团队中培养人际交往技能和移情能力

C. 建立并执行详细的服务级别协议

D. 进行能力评估并与客户分享结果

3.2　第二套全真模拟试题

问题 1 一个大组织最近收购了一个非常小的组织。这个大组织已经为新员工提供技能和知识的培训。目前培训程序已经完成，该组织正在衡量新员工的绩效，但是新员工的绩效不如老员工。除此之外，新员工反馈说，他们在大的组织环境下感到不舒服。下面哪项有助于解决这种情况？ （　　）

A. 以客户为导向的心态工作　　B. 员工满意度度量

C. 组织变革管理　　D. 集成和数据共享

问题 2 下面哪一个是团队协作的例子？ （　　）

A. 与他人合作以实现个人目标

B. 应用技术以促进团队成员之间的沟通

C. 共同努力实现共同的组织目标

D. 调整个人和团队目标及 KPI

问题 3 一个数字化组织需要做什么才能创造或保持竞争优势？ （　　）

A. 向新客户做市场营销和销售现有产品和服务

B. 快速可靠地提供创新的新产品和服务

C. 为产品和服务提供多个集成支持渠道

D. 改变 IT 部门开发产品和服务的方式

问题 4 组织具有"不允许失败"的文化,因此员工隐藏错误是很常见的。下面哪一项最有助于该组织采用一种更开放、更信任的环境,在这种环境中,员工不会因为失败而互相指责? （　　）

A. 安全文化

B. 关系管理

C. 服务主导逻辑

D. 肯尼芬模型(Cynefin)

问题 5 一家股票交易公司使用人工智能(AI)分析市场并提出建议投资战略。IT员工在压力下长时间从事管理算法的工作,越来越多的错误正在发生,员工们意见不一、彼此指责。应该采取什么办法来改善这种情况? （　　）

A. 通过营造一个发表意见和建议的安全环境,加强信任行为来解决问题

B. 引入混沌工程,主动检测算法中的错误

C. 设计新的价值流,确保不会引入错误

D. 减少算法更改的次数,以便IT员工有更多的时间花在每项更改上

问题 6 一家服务提供商正在为一项新服务建立用户参与渠道,并提议使用社交媒体提供用户支持。使用社交媒体时,挑战和解决方案的正确合成方式是什么? （　　）

A. 挑战是用户在自助方面犯错误;解决办法是提供更好的培训技术人员

B. 挑战是使用视频诊断的监管限制;解决办法是讨论与客户的利益

C. 挑战是应监测的多个渠道;解决办法是使用集成和整合的工具以应对此挑战

D. 挑战是关于处理个人信息的限制;解决办法是使用聊天机器人改善支持

问题 7 一个组织正在审查其项目管理实践,并考虑引入新的或更改的服务的各种方法。敏捷方法的优势是什么? （　　）

A. 能够专注于加快上市速度,并根据业务目标进行更改

B. 使用行业标准项目管理模型交付分阶段、可预测项目的选项

C. 能够专注于清晰的上线日期,各种工作流程可以与之协调

D. 尽早收到项目启动资金,即使项目可交付成果和时间框架不得而知

问题 8 哪一个不是信息和技术维度的关注重点？ （   ）

A. 安全和合规

B. 通信系统和知识库

C. 工作流程管理和库存系统

D. 角色和责任

问题 9 服务提供商希望开始与潜在的新客户合作，应该首先进行哪些活动？ （   ）

A. 向客户展示他们如何与其他组织合作创造价值

B. 采访客户管理层并记录他们的需求和问题

C. 评估客户当前的系统和服务，确保他们能够有机会参与到这些系统和服务的后期建设

D. 记录客户的业务活动模式(PBA)，以确保这些模式得到支持

问题 10 哪个高速率 IT（HVIT）的目标适用于所有服务价值链活动？ （   ）

A. 快速发展

B. 有价值的投资

C. 保证合规性

D. 弹性行动

问题 11 下面哪项描述了指导原则的性质？ （   ）

A. 指导原则可以在任何情况下指导组织

B. 每项指导原则都规定了具体的行动和决定

C. 一个组织将只选择并通过七项指导原则中的一项

D. 指导原则描述了所有组织必须采用的流程

问题 12 一家公司正在实施一项收购小公司的战略，小公司的产品与其整体产品组合互补。尽管早期整合公司收购的努力进展顺利，但是 IT 部门觉得管理层没有倾听，也不关心他们的担忧。可以采取哪些措施来提高 IT 员工对变革的参与度？ （   ）

A. 鼓励员工继续尽其所能支持公司战略

B. 使员工能够通过正式渠道提供匿名反馈

C. 安排非正式庆祝活动，以表彰员工所做的工作

D. 建立一个正式的导师计划，连接原有公司的 IT 员工与被收购公司的员工

问题 13 一个改进项目未能创造预期价值,因为团队没有花费有足够的时间考虑项目结果的有效性。哪种实践或方法有助于防止这种失败? ( )

A. 看板   B. 风险管理

C. 消除浪费   D. 级联目标和需求

问题 14 下面哪个中间级目标包括研究新产品和服务,以及持续评估现有产品和服务? ( )

A. 有价值的投资   B. 快速开发

C. 弹性运营   D. 保证合规性

问题 15 关于端到端客户旅程的哪项陈述是正确的? ( )

A. 它注重取得成果/结果/价值

B. 它表示预先确定的路径

C. 它反映了一种交互和体验

D. 它涉及优化接触点

问题 16 服务提供商鼓励其用户建立用户支持社区。服务提供商的潜在利益是什么? ( )

A. 减少对服务提供商支持的需求

B. 创建可用于提供服务的组

C. 改进服务提供商组织内部的协作

D. 减少用户组织之间的协作

问题 17 哪些是衡量客户对 IT 服务感知的方法? ( )

1. 服务可用性报告
2. 服务审查会议的反馈
3. 电话调查
4. 服务提供商员工满意度调查

A. 1 和 2   B. 2 和 3

C. 3 和 4   D. 1 和 4

问题 18 一个组织已经意识到它正在经历一次事件解决的延迟,因为支持团队之间的升级路径不是很清晰。这些延误可能会导致该组织损失大量资金。该组织已决定:调查事件解决过程中涉及的活动,并制定一系列活动,从中断发生之时起至确定通过解决方案执行来恢复业务。这是哪一个概念的案例? ( )

  A.组织结构   B.集成/协作小组

  C.价值流   D.劳动力规划

问题 19 哪一个概念与通过考虑他人的智力和情感需求与他人建立良好的工作关系有关? ( )

  A.员工满意度度量   B.积极沟通的价值

  C.组织结构   D.以客户为导向的心态工作

问题 20 在哪种情况下,转换为高绩效 IT 会被认为是不可取的? ( )

  A.组织希望快速支持业务

  B.组织习惯于服务的快速创新、发展和运营

  C.组织始终使用高水平的数字技术

  D.一个组织认为相关文化变革的成本将高于效益

问题 21 服务提供商与客户建立了"协作关系(Collaborative Relationship)"。他们最有可能使用哪项活动来验证所提供的服务? ( )

  A.临时的联合服务来对成本和收益的审查

  B.持续跟踪和分析结果、成本和风险

  C.对服务目标实现情况的联合服务审查

  D.审查服务提供商技术升级的成本

问题 22 当实施影响员工的组织变革时,组织变革应该在什么时候开始? ( )

  A.项目计划最终确定的时间

  B.规划服务组件的变更时

  C.启动变更计划时

  D.在规划新产品或服务组件的发布时

问题 23 一家大型跨国组织的首席信息官收到了工作放缓的投诉。因为员工在遵守控制措施时经常感到不知所措,这给组织的其他部分产生了非预期和不良影响。对此,首席信息官做出回应,他要求管理团队确保现有控制措施足够,但不过度。在识别过度控制时,管理团队不应该做什么? ( )

A. 跨多个利益相关者小组工作,以确定仪表盘和计分卡为什么没有帮助建立信任或做出更好更快的决定

B. 增加测量和报告的数据量,因为数据可能在将来需要

C. 检查创建记录所需的数据,因为数据的来源可能不太有效

D. 审查外部驱动因素,特别是可以影响组织的工作方式的法律因素

问题 24 关于"改善"价值链活动的哪项陈述是正确的? ( )

A. 这主要是一项管理责任

B. 它适用于产品及其价值流

C. 它主要关注于提高产品的功用

D. 它涉及度量产品用户的熟练程度

问题 25 运用"注重价值"的指导思想,首先要做什么? ( )

A. 确定服务促进的结果

B. 确定参与服务的所有供应商和合作伙伴

C. 确定在每种情况下服务消费者是谁

D. 确定提供服务的成本

问题 26 一家小型服务提供商正在经历增长和成功。目前所有重要的决定都是由一个为数很少的高层小组制作的,这会造成延迟,因为小组成员经常不在决策现场。在服务提供商组织内部建立决策权结构的最佳方法是什么? ( )

A. 任命一名高层小组负责人,以做出所有重要决策

B. 确保技术决策由能够识别风险的运营人员做出

C. 与高层小组一起做出高风险决策,并确定可以授权其他人的制度

D. 将所有决定提交给高层小组,他们将考虑每一个案例并把决策权适度地授权给别人

问题 27 一个组织的部分员工不太认同敏捷方法,有些经理甚至认为敏捷没有遵循公司的相应标准。那么如何说服对敏捷有看法的经理或员工? ( )

　　A. 请相关人员参加敏捷培训

　　B. 邀请人员

　　C. 在运营经理和使用敏捷的团队之间组织一次面对面的会议

　　D. 开发一个商业论证,解释为什么敏捷是最好的方法

问题 28 组织正在收集有关如何使用新服务的信息,并考虑每组利益相关者将如何体验服务。在过去供应商一直是不可靠的,因此组织希望确定新服务的主要风险和依赖。这是哪一个概念的例子? ( )

　　A. 敏捷方法

　　B. 左移

　　C. 价值流映射

　　D. 服务集成和管理

问题 29 一个组织打算提高其服务支持的质量。它认识到一些工作方式不注重创造价值。哪一个是组织应该停止的工作实践的示例? ( )

　　A. 与客户讨论他们对服务可用性的要求和期望,来确定事件优先级类别

　　B. 进行调查,收集用户对自助服务门户界面的反馈意见

　　C. 与消费者接触,了解当前的服务支持模式是否适合

　　D. 使用组织硬件供应商的响应和修复时间来设置事件最终为客户解决的时间

问题 30 一位业务分析师已经认识到,业务经理们部门改进的需求的假设彼此相互矛盾,他们也发现很难与他人沟通他们的具体需求。下面哪种方法最适合获得正确的需求?

( )

　　A. 根据精心准备的详细问题进行面试

　　B. 分配一周时间去到部门内部考察他们的具体工作方式,然后得出合乎逻辑的结论

　　C. 开发可能解决方案的多个原型,并采用最有效的方案

　　D. 要求高层执行业务分析师认为最合理的方案

问题 31 哪个概念通过创建原型进行测试来帮助客户完成对假设的判断？（　　）

A. 设计思维 B. 职责整合

C. 持续改进 D. 员工经验

问题 32 引入市场上的外部服务提供商对组织内部客户的潜在好处是什么？（　　）

A. 减少将服务纳入服务目录的需要

B. 更有效地利用和优化当下的服务

C. 最大化服务提供商的利润

D. 减少对服务的需求

问题 33 下面哪个 ITIL 概念描述了治理内容？（　　）

A. 七项指导原则

B. 服务管理的四个维度

C. 服务价值链

D. 服务价值体系

问题 34 组织聘请了一名管理顾问，帮助这个跨国组织提高企业竞争力，以及治理、风险管理和法规遵从性。顾问将主要与谁合作以了解治理的当前状态？（　　）

A. 董事会 B. 最大股东

C. 内部审计委员会 D. 会计专员

问题 35 组织将事件的优先级分为高、中、低，以便决定按优先顺序解决事件。组织总是在低优先级事件之前解决高优先级和中优先级事件，这有时意味着低优先级事件永远不会得到解决。该组织已经收到了用户的投诉，投诉的原因是优先级较低的事件的解析时间过长。组织采取哪种最佳方法来解决这种情况？（　　）

A. 保留现有政策，因为应始终优先考虑处理高优先级和中等优先级事件

B. 在预先定义的一段时间后，将低优先级事件重新分类为中等优先级，然后是高优先级

C. 为长期未解决的低优先级事件创建问题记录，以便确保把它们升级到正确的团队

D. 定期审查那些未解决的低优先级事件，并在必要时重新确定事件优先级

问题36　服务提供方借鉴ITIL服务目录的管理理念,目前提供给客户的服务包括呼叫中心服务和数据中心维保服务等,并针对这些服务与客户签订了相应的服务级别协议。下面哪项关于服务目录实践和服务级别管理实践的关联描述是正确的?　　　　(　　)

A. 没有关系

B. 服务目录包含服务级别管理

C. 先有服务目录,后有服务级别管理

D. 先有服务级别管理,后有服务目录

问题37　在为个人用户提供服务时,下面哪项是一项挑战?　　　　(　　)

A. 确保赞助商同意用户获得的服务水平或服务级别

B. 开发简单快速的上线办法

C. 使用社交媒体监控客户反馈

D. 识别和记录服务需求

问题38　网络安全控制需要采取必要的顺序去执行。下面哪项是首先要做的事情?
　　　　(　　)

A. 审查现有防火墙规则和控制

B. 审查问题日志,以确保所有问题都得到管理

C. 联系防火墙供应商,确保必要的常用控制已经有效执行

D. 识别需要的安全控制所对应的组织目标

问题39　关于组织的愿景,下面哪项价值链活动有提及?　　　　(　　)

A. 获取/构建

B. 计划

C. 交付和支持

D. 需求/机会

问题40　一家零售企业正在努力提高顾客忠诚度,采取的一种方法是允许其在线购物客户选择一天中他们的包裹在家中寄出的时间。这是哪一个例子?　　　　(　　)

A. 连续交付　　　　　　　　　　B. 服务主导逻辑

C. 部署管理　　　　　　　　　　D. 可用性管理

3.3 第三套全真模拟试题

问题 1 事件管理通常不包含下面哪一项？ （ ）
A. 收集事件初始信息的脚本
B. 记录事件的正规程序
C. 事件诊断的详细程序
D. 使用专业知识来处理复杂事件

问题 2 哪一个是团队协作的例子？ （ ）
A. 与他人合作以实现个人目标
B. 借助技术以促进团队成员之间的沟通
C. 共同努力实现共同的组织目标
D. 调整所有个人和团体的目标和 KPI

问题 3 一个数字化组织需要做什么才能创造或保持竞争优势？ （ ）
A. 向新客户营销和销售现有产品和服务
B. 快速可靠地提供创新的新产品和服务
C. 为产品和服务提供多个集成支持渠道
D. 改变 IT 部门开发产品和服务的方式

问题 4 一个组织历来有一种"失败是不可原谅"的文化。因此，员工隐藏错误是很常见的。如下哪一项最有助于本组织建立一个更加开放和信任的环境，人们不会因为失败而互相指责？ （ ）
A. 安全文化
B. 关系管理
C. 服务文化
D. 肯尼芬模型（Cynefin Model）

问题 5 一家股票交易公司使用人工智能（AI）分析市场，并提出投资策略。IT 员工在长时间压力下从事 AI 相关算法的工作。越来越多的错误正在发生，员工之间存在分歧并相

互指责。应该采取什么办法来改善这种情况？　　　　　　　　　　　　（　　）

A. 通过营造一个安全的环境，让员工能够发表意见并解决问题，从而增强彼此信任

B. 引入混沌工程（Chaos Monkey），主动检测 AI 算法中的错误

C. 设计新的价值流，确保不会引入错误

D. 减少算法变更的次数，以便 IT 员工有更多的时间进行变更

问题 6 服务提供商正在启动一项新服务。目标市场是那些使用互联网经验有限，且不太可能使用社交媒体的用户。请问提供用户支持的最佳方法是什么？　　（　　）

A. 提供简单的在线支持，并提供服务台的联系电话

B. 使用机器学习聊天机器人预测用户需求并提供解决方案

C. 实施"左移"方法，以提供支持和可被下载的帮助文章

D. 使用流行的网络站点来推广和提供在线用户支持

问题 7 具有层级结构的组织正在审查其项目管理实践，并考虑引入新的或变更服务的各种方式。那么敏捷方法的优势是什么？　　　　　　　　　　　　　（　　）

A. 能够专注于加快上市速度，并根据业务目标进行更改

B. 使用行业标准项目管理模型交付分阶段、可预测项目的选项

C. 能够将重点放在明确的发布日期上，从而使各种工作流程保持一致

D. 维持现有结构的能力，这将加速决策

问题 8 哪一个不是信息和技术层面的重点？　　　　　　　　　（　　）

A. 安全和遵守

B. 通信系统和知识库

C. 工作流程管理和库存系统

D. 角色和职责

问题 9 哪项描述了以用户为中心的服务设计？　　　　　　　　（　　）

A. 构建可快速上线最少功能的原型

B. 将 MoSCoW 技术应用于一组用户需求

C. 将用户体验与技术和业务需求平衡

D. 使用价值流映射来确定一组用户需求

问题 10 战略伙伴关系的属性是什么？　　　　　　　　　　　　　　（　）

A. 共享的信息最少

B. 需要建立信任

C. 客户需要能够轻松退出

D. 这种关系是由价格驱动的

问题 11 哪项描述了指导原则的性质？　　　　　　　　　　　　　　（　）

A. 指导原则可以在任何情况下指导组织

B. 每项指导原则都规定了具体的行动和决定

C. 一个组织将只选择并通过七项指导原则中的一项

D. 指导原则描述了所有组织必须采用的流程

问题 12 一家公司正在实施收购小公司的战略,这些小公司的产品可以补充其整体投资组合。尽管早期整合公司收购的努力取得了成功,但最近的员工敬业度结果表明,员工尤其是 IT 员工的敬业度越来越低。IT 员工觉得他们的经理没有倾听或关心他们的担忧。可以采取哪些措施来提高 IT 员工对变革的参与度？　　　　　　　　　　（　）

A. 鼓励员工提出支持公司战略的方法

B. 使员工能够通过正式渠道提供反馈,并与管理层建立对话渠道

C. 安排非正式的庆祝活动,以表彰员工所做的工作

D. 建立一个正式的导师计划,将母公司的 IT 员工与被收购公司的员工联系起来

问题 13 一个改进项目未能创造出预期的价值,因为团队没有花足够的时间思考解决方案的成功程度。什么有助于防止这种失败？　　　　　　　　　　　　（　）

A. 看板　　　　　　　　　　　　B. 风险管理

C. 度量和报告　　　　　　　　　D. 级联目标

问题 14 哪个目标包括研究新产品和服务,并持续评估现有产品和服务？（　）

A. 有价值的投资

B. 快速发展

C. 弹性行动

D. 保证合规性

问题 15 哪项关于端到端客户旅程服务的陈述是正确的？　　（　）

A. 它注重取得成果

B. 它表示预先确定的路径

C. 它反映了一种总体看法

D. 它涉及优化接触点

问题 16 服务提供商鼓励其用户建立用户支持社区。服务提供商的潜在利益是什么？

（　）

A. 减少对服务提供商支持的需求

B. 创建可用于提供服务的组

C. 改进服务提供商组织内部的协作

D. 减少用户组织之间的协作

问题 17 哪些是衡量客户对 IT 服务感知的方法？　　（　）

1. 服务可用性报告

2. 服务评审会议的反馈

3. 电话调查

4. 针对服务提供商的员工满意度调查

A. 1 和 2　　　　　　　　　　　　B. 2 和 3

C. 3 和 4　　　　　　　　　　　　D. 1 和 4

问题 18 由于支持团队之间的升级路径不清晰，组织在事件解决方面遇到了延迟。这些延误有时会导致组织损失大量资金。组织已决定调查事件解决中所涉及的活动，并产生一系列新的活动，这些活动从中断发生到确定解决方案都是相互关联的。这是哪一个概念的例子？　　（　）

A. 组织结构

B. 合作

C. 价值流

D. 劳动力规划

问题 19 哪一个概念与通过考虑他人的智力和情感需求,与他人建立良好的工作关系有关? （　　）

A. 员工满意度测量　　　　　　　　B. 积极沟通的价值

C. 组织结构　　　　　　　　　　　D. 自动交互

问题 20 在哪种情况下,转换为高速 IT 会被认为是不可取的? （　　）

A. 组织希望快速支持业务

B. 组织习惯于快速有效地进行创新和运作

C. 组织始终使用高水平的数字技术

D. 组织认为其价值观和领导风格与变革不相容

问题 21 服务提供商与客户建立了合作关系。他们最有可能使用哪些活动来验证所提供的服务? （　　）

A. 特设联合事务处对费用和效益的审查

B. 持续跟踪和分析结果、成本和风险

C. 对服务目标实现情况的联合服务审查

D. 审查服务提供商技术升级的成本

问题 22 当实施影响员工的变革时,组织变革管理应该从哪一点开始? （　　）

A. 项目计划最终确定的时间

B. 规划服务组件的变更时

C. 启动变更计划时

D. 在规划新产品或服务组件的发布时

问题 23 一家大型跨国公司的首席信息官收到投诉,称工作正在放缓,因为员工在试图遵守控制措施时往往不知所措。这在组织的其他部分造成了意想不到的不良影响。作为回应,首席信息官已要求其管理团队确保现有控制措施足够,但不能过度。在识别过度控制时,管理团队不应该做什么? （　　）

A. 跨多个利益相关者群体工作,以确定哪些数据对组织有用

B. 增加测量和报告的数据量,因为将来可能需要这些数据

C. 确定员工是否使用占位符数据填写必填字段,以便继续工作即使所需数据不可用。

D. 审查外部驱动因素,特别是影响组织工作方式的法律义务

问题 24 哪个高速率 IT(HVIT)的目标适用于所有服务价值链活动？（　　）

A. 快速发展　　　　　　　　　　B. 有价值的投资

C. 保证符合性　　　　　　　　　D. 弹性行动

问题 25 运用"关注价值"的指导思想，首先要做什么？（　　）

A. 确定服务促进的结果

B. 确定参与服务的所有供应商和合作伙伴

C. 确定在每种情况下服务消费者是谁

D. 确定提供服务的成本

问题 26 一家小型服务提供商正在经历增长和成功。目前所有重要决策都由一个小型执行小组做出。这会造成延迟，因为小组成员经常不在决策现场。在服务提供商组织内建立决策权限结构的最佳方法是什么？（　　）

A. 任命一名执行小组负责人，以做出所有重要决策

B. 确保技术决策由能够定义风险的操作人员做出

C. 将高风险决策保留在执行小组内，但定义授权其他决策的政策

D. 将所有决定提交给执行小组，他们将在适当的时候考虑每一个案例和委托

问题 27 一个组织正在采用敏捷方法。IT 部门集中在公司办公室。基础设施运营经理对使用敏捷的开发团队感到非常失望，因为他们没有遵循任何既定标准。为了改善运营经理和敏捷开发团队之间的情况，最好的沟通方法是什么？（　　）

A. 使用电子邮件通信，确保所有交流都有清晰的记录

B. 安排运营经理和团队之间的电话通话，使用敏捷

C. 在运营经理和使用敏捷的团队之间组织一次面对面的会议

D. 使用组织的社交媒体页面解释为什么敏捷是最好的方法

问题 28 组织使用内部和外部开发团队进行良好协作，以生成新的和升级的服务。发布变更时，用户抱怨服务台员工通常不知道变更，并且与变更相关的任何支持问题需要很长时间才能解决。那么如何防止这种情况在未来发生？（　　）

A. 将组织的内部支持提供外包给外部开发组织

B. 为用户引入自助服务系统，这样他们就不必依赖支持团队

C. 在开发阶段,让与服务价值流的相关的支持人员参与进来

D. 允许用户绕过服务台直接访问二线支持团队

问题29 一个组织打算提高其服务的支持质量。它认识到有些工作方式并不注重创造价值。哪一个是组织应该停止的工作实践的示例? ( )

A. 与客户讨论服务可用性的要求和期望,以确定事件优先级类别

B. 进行调查,收集用户对自助门户界面外观的反馈

C. 与消费者接触,了解服务支持模型是否适合计划的组织结构重组后的用途

D. 使用组织硬件供应商的响应时间和修复时间为客户提供事件解决时间

问题30 一位业务分析师已经认识到,业务经理们对部门改进需求的假设彼此相互矛盾,他们还发现很难清楚地表达他们的需求。哪种方法最适合获得需求? ( )

A. 根据精心准备的详细问题脚本进行面试

B. 分配一周时间分析部门的工作方式,然后做出合乎逻辑的结论

C. 开发可能解决方案的多个原型,并采用最终最有效的方案

D. 要求主管实施业务分析师认为最合理的解决方案

问题31 哪个概念与创建原型并用来测试假设有关? ( )

A. 设计思维

B. 职责整合

C. 持续改进

D. 基于复杂性的探索法

问题32 针对内部客户采取服务收费的潜在好处是什么? ( )

A. 它减少了将服务纳入服务目录的需要

B. 更有效地利用服务资源

C. 使服务提供商的利润最大化

D. 它减少了对服务的需求

问题33 哪个 ITIL 概念描述了治理? ( )

A. 七项指导原则　　　　　　　B. 服务管理的四个方面

C. 服务价值链　　　　　　　　D. 服务价值系统

问题 34 聘请了一名管理顾问,帮助一家跨国公司改善公司治理、风险管理和合规性。顾问将主要与谁合作以了解治理的当前状态? （   ）

A. 董事会

B. 最大股东

C. 内部审计委员会

D. 服务管理办公室

问题 35 哪种采购模式涉及组织使用自己的员工和基础设施? （   ）

A. 近岸外包

B. 在岸外包

C. 离岸外包

D. 内包

问题 36 哪一个是团队协作的最好例子? （   ）

A. 与他人合作实现个人目标

B. 实施技术以促进团队成员之间的沟通

C. 共同努力实现一个共同的组织目标

D. 调整所有个人和团体的目标和 KPI

问题 37 一个数字化组织需要做什么才能创造或保持竞争优势? （   ）

A. 向新客户做市场营销和销售现有产品和服务

B. 快速可靠地提供创新的新产品和服务

C. 为产品和服务提供多个集成支持渠道

D. 改变 IT 部门开发产品和服务的方式

问题 38 被要求激励他人采用支持组织目标所需的新工作方式的个人,他/她需要什么样的能力? （   ）

A. 管理员

B. 领袖(领导者)

C. 协调/沟通

D. 技术专家

问题 39 一个组织正在经历事件解决的延迟,因为支持团队之间缺乏清晰的升级路径。这些延误有时会导致组织损失很多资金。该组织已决定调查事件解决过程中涉及的活动,并产生一个活动流,该活动流从中断发生时一直连接到确定解决方案为止。这是哪个概念的一个例子? ( )

A. 组织结构

B. 协作

C. 价值流

D. 劳动力计划

问题 40 一个组织已经决定将它的一些测试活动移到软件开发生命周期的早期阶段。组织应用了哪个概念? ( )

A. 左移

B. 机器人过程自动化

C. 服务集成与管理

D. 集成和数据共享

 第 4 章　ITIL 典型案例分析

ITIL V3 时期的中级考试有很多案例分析题,这些题对基于 ITIL 的日常 IT 服务管理实践落地很有指导意义。本章结合 ITIL 历史版本的案例分析题,列举几个典型的基于 ITIL 的 IT 服务管理落地实践场景,以作为有别于 ITIL 4 考点范畴的扩展内容。

4.1　服务台案例

国内一家大型旅行社有几个提供旅行服务的地点,包括航班、住宿和特别服务套餐。该旅行社拥有可受理线下客户旅游订单业务的营业厅,客户还可以通过网络或电话预订旅行服务。该旅行社每个营业厅的线下员工和提供网络在线支持的服务台员工都依赖于特定的 IT 系统预订航班和住宿,以及打印机票、行程和发票等。旅行社总部也会依赖其内部的 IT 服务处理公司的日常行政事务活动。

就在一年前,为了改善 IT 服务,IT 部门应用了 ITIL 服务管理过程和实践。历经了六个月的时间,大多数服务管理流程都已完成,服务水平相比以前也有所提高。然而,在过去两个月里,收到了一些客户关于服务质量低下的投诉。投诉所涉及的问题包括电话接听不够快,服务台代理提供一线支持的时间过长,针对日常发布和部署所需的公告通知不及时和不专业,等等。这些投诉都属于服务台相关的问题,故该旅行社的 IT 部门急需拟定针对服务台的相关指标,以寻求针对当下服务台服务的度量和改进提升。

经与 ITIL 专业顾问研讨,特确定以下可行指标(表 4-1)。

第 4 章　ITIL 典型案例分析

表 4−1　服务台指标体系

指标	针对指标的描述
每天每小时每项 IT 服务的电话呼叫量	要确定通话量、所需员工数量和轮班(值班)安排
按 IT 服务和服务台代理细分的电话通话平均持续时间	要度量不同类型平均每次通话所需时间,以此来判断可能的薄弱环节所在
按 IT 服务类型、所属优先级和涉及用户所在的部门记录事件数	按事件类型和呼叫来源确定事件未来可能的趋势
每类 IT 服务的一线解决率	确定服务台代理是否具有适当的技术知识和信息
一次性指派正确事件类型的比率	由服务台一次性指派正确的事件类型,即后期技术二线和三线人员并没有因故修订事件类型
一次性指派正确事件优先级的比率	由服务台一次性指派正确的事件优先级,即后期技术二线和三线人员并没有因最初优先级设置的问题而调整事件优先级

以上都是可以应用服务台实践的良好和客观的指标。基于这些指标,服务台经理可以提取正确的信息,有针对性地解决用户的投诉,并不断提升服务台的服务质量。

4.2　问题管理案例

国内某销售为导向的房地产公司最近在考虑如何有效地利用 ITIL 流程指导其日常的运维管理工作。在 IT 部门每周的员工会议上,该公司的服务台成员提到,他们最近注意到公司的销售团队所使用的笔记本电脑的事件申报数量明显增加。销售团队目前正在进行一场公司投入巨大的市场营销活动,由于笔记本电脑的诸多异常情况严重影响此次营销活动的市场效果。为此销售部门已经把情况反映到高级管理层,高级管理层决定召开一场针对此问题解决的研讨会。

该公司很重视 IT 服务管理在其公司内部的实施效果,并特意聘请了一位 ITIL 专家作为问题经理,主导 IT 相关问题的跟进和管理工作。毫无悬念地,该问题经理被要求参加此次由于笔记本电脑缺陷而引发的问题研讨会议。参会者在会议上各抒己见,会议主持人应用头脑风暴等方法收集大家的意见,对可能产生的笔记本电脑异常情况的原因进行集思广益。

最后大家几乎一致认为,造成笔记本电脑异常的问题原因与硬件有关。因为以往笔记本电脑事件涉及硬盘、内存故障和风扇损坏等多种情况。并且问题经理还注意到,硬盘和内存故障是最近才经常出现。针对这种频繁出现的硬件故障,会议决定要在 IT 服务管理工具上开一个问题单。由问题经理主导针对此问题的根本原因进行调查和诊断,并最终解决此问题,确保类似事件不再发生。

会后,问题经理在 IT 服务管理工具上创建一张问题单,并将此问题单与相关事件单在 IT 服务管理工具上进行关联。问题经理在问题单中记录针对此问题的所有有用的详细信息,包括问题研讨时大家做头脑风暴的初步结论。参考关联事件单的分类方式对此问题单所属类型进行合理分类。结合配置管理系统(CMS)充分了解该问题所影响的范围,通过确定的影响范围来指定该问题单的优先级。

由于提供笔记本电脑的日常维护的工作是由公司的桌面支持团队负责,所以问题经理需要接洽桌面支持团队,并配合具体技术支持人员通过层递式问五个为什么(Why)和画鱼骨图等办法判断引发问题的最可能的根本原因。经过大家的努力探究,最终确定此问题是由于上次公司批量采购笔记本电脑存在硬件固件(微码)过低等一系列硬件配置缺陷导致。故而该问题已经被识别为一个已知错误,针对此问题的分析过程也作为一个新的知识条目被写入公司的知识库系统。

为了彻底解决此问题,就需要批量升级笔记本电脑的硬件固件。由于批量升级笔记本电脑硬件固件风险很大,在固件升级期间会影响笔记本电脑对公司业务的正常访问,为了成功控制本次升级的风险,公司的 IT 部门决定在 IT 服务管理工具上开一张变更单来跟踪此次升级的全过程,包括升级前的变更审批会议到升级后的变更回顾会议等相关内容。

4.3 服务管理案例

一家 IT 服务公司在过去三年中发展迅速,并认识到需要实施服务管理流程,以确保继续提供服务以满足客户的需求。该公司在以客户为中心的服务导向的声誉不断提高,而且该公司相信,开始采用正式流程的最佳切入点为服务目录管理、服务级别管理和业务关系管理等三个流程。

为了确保以上三个流程的落地实施,该公司已经为每个流程任命了流程经理,并要求他们就流程的目标、价值和流程彼此之间的关系达成一致。经过几个流程经理的内部研讨并多方听取公司内部相关方的意见,现确定三个流程经理的主要职责如下。

1. 服务目录经理的主要职责

(1) 维护关于所有服务运营的一致性信息的单一来源。整理成最终的服务目录,服务目录的表现形式可以是一个 Excel 表格或是拥有图形界面的系统。

(2) 通过将公司的内部 IT 服务活动及服务资产与业务流程和最终结果相关联,提高内部 IT 部门员工对业务结果的关注度。

(3) 提高 IT 所提供的每项服务关联"业务价值"的认识,使 IT 部门的有限资源重点放在更有价值的服务上。

2. 服务级别经理的主要职责

(1) 监控并提高业务部门对 IT 部门所提供服务质量的满意度级别。

(2) 提供可靠的沟通渠道,并在战术层面与适当的业务部门和业务代表建立信任关系。

(3) 就任何违规行为的原因以及为防止其再次发生而采取的措施的细节提供反馈。

(4) 为所有与服务级别相关的问题提供一致的业务接口,即针对特定服务的相关问题,优先联系服务级别经理。

(5) 确保实现所有商定的目标,即在服务级别协议或服务合同中确立的指标。还要持续确保所提供的服务绩效指标得到积极的度量,并以更加经济高效的方式持续改进。

3. 业务关系经理的主要职责

(1) 在了解业务需求的基础上,在 IT 部门和业务部门(客户)之间建立和维护业务关系,这种关系分别包括战略和战术层面的。努力把 IT 部门促成为业务部门的战略合作伙伴。

（2）确保 IT 部门了解客户对 IT 服务的具体看法，使 IT 部门更易于合理确定其所提供的服务和服务资产调配的优先级。

总之，通过如上三个流程经理的角色划分，能够更加深入地了解 ITIL 流程的自身关切和不同流程之间的彼此联系与区别。

第5章 ITIL 4 初级认证模拟试题答案解析

5.1 第一套全真模拟试题答案解析

1. D 此题在考服务价值系统的内容。服务价值系统的构成组件分别为"指导原则""治理""服务价值链""实践""持续改进"。而服务价值链活动分别为"计划""改进""联络""设计与转换""获取/构建""交付与支持"。

2. D 此题在考服务价值链的定义。服务价值链在 ITIL 4 中被定义为一种运营模型。

3. B 此题在考服务价值链和实践的对应关系。价值链活动代表组织在价值创造过程中采取的步骤。每个活动均通过将特定输入转化为输出来为价值链提供支持,为了将输入转化为输出,价值链活动采用不同的 ITIL 实践组合。需求仅可作为服务价值链的输入内容。价值链活动按需采用内部或第三方资源、流程、技能和能力。服务价值链与自动化没有本质的关联。

4. D 此题在考服务价值链的活动。计划(Plan)的目的在于确保对组织内所有四个维度以及所有产品和服务的愿景、当前状态和改进方向达成共识。关于服务管理的四个维度的详细介绍可以参阅《ITIL 4 与 DevOps 服务管理认证指南》4.2.2 小节的内容。获取或构建(Obtain/Build)的目的在于确保服务组件在所需时间和地点可用,且符合约定规范。联络(Engage)的目的在于帮助理解利益相关者诉求,并增加需求管理的透明度,以及与所有利益相关方建立良好关系。改进(Improve)的目的在于确保在所有价值链活动和服务管理的四个维度中持续改进产品、服务和实践。

5. C 此题在考服务的定义,服务强调通过价值共创来实现价值。

6. A 此题在考服务的定义以及与其他概念的区别。服务是指一种实现价值共创的方式,客户无须承担特定成本或风险即可促成其期望实现的结果。输出是指活动的一种有形或无形交付物。实践是指为开展工作或完成目标而设计的一套组织资源。持续改进是一种实践，旨在让组织实践和服务与不断变化的业务需求相一致。

7. D　此题在考组合管理中的服务组合的概念。服务提供方会定义商品和服务的组合，通过有效的组合管理以满足不同消费者群体的需求。组合有时也称服务供给。

8. B　此题在考价值创造模型，功用和功效的区别。功用是指通过产品或服务提供的功能，属于功能性需求。功效是指对产品或服务会满足约定要求的保证，属于非功能性需求，如产品的安全性、性能和易用性等。成本是指在具体活动或资源上支出的费用。风险是指可能导致伤害或损失，或者增加目标实现难度的事态。

9. B　此题在考功效的定义。功效是对产品或服务能符合约定要求的保证。输出是指一种有形或无形活动的交付物。风险是指可能导致伤害或损失，或者增加目标实现难度的事态。功用是指为满足特定需求的产品或服务而提供的功能。

10. C　此题在考服务级别管理的内容。服务级别管理识别了真实反映客户实际体验和对整个服务满意度的指标和衡量标准。

11. D　此题在考服务级别管理的关键步骤。条目1和4中提到客户参与，包括初步倾听、发现和捕捉信息，然后以此为基础划定指标、衡量和进行持续进度讨论。而A、B、C选项不正确。因为服务级别管理通过收集、分析、存储和报告已识别服务的相关指标，确保组织满足已定义的服务级别，仅通过客户参与无法实现这一目的。客户参与可以定义服务请求的需求，但工作流要通过服务请求管理来定义，需要在服务目录中增加新服务请求，并且应尽可能使用现有工作流模型。

12. A　此题在考变更管理的内容，以及与其他管理实践的区别。变更是指添加、修改或删除可能对服务产生直接或间接影响的任何内容。服务配置管理实践的目的是确保提供有关服务配置及支持配置项的准确且可靠的信息，以便在需要的时候和地方可用。发布管理实践的目的在于提供新的和变更的服务与特性以供使用。部署管理实践的目的在于将新的或变更的硬件、软件、文档、流程或其他服务组件移至生产环境中。

13. A　此题在考变更的类型，各类变更必须分配合适的变更授权人，以确保变更实施不但有效而且高效。没有任何规则表明变更授权集中是最为有效的授权方式。某些情况下，分散决策反而效果更好。紧急变更通常不包括在变更日程（计划）中，评估和授权流程加快，以确保快速实施。标准变更通常风险低且已预先授权。

14. B　此题在考服务请求管理的内容,以及与其他管理实践的区别。服务请求管理实践的目的在于通过以有效而用户友好的方式处理所有预定义、用户发起的服务请求来支持约定的服务质量,并且每个服务请求可包含一个或多个反馈、称赞或投诉。变更实施实践的目的在于通过确保风险得到合理评估来最大限度增加服务和产品变更的成功次数,从而授权变更继续和管理变更日程(计划)。问题管理实践的目的在于通过确定事件的实际和潜在原因以及管理临时方案和已知错误来减少事件发生的可能性和影响。事件管理实践的目的在于通过尽快恢复正常服务运营来最大限度降低事件的负面影响。

15. B　此题在考监视和事态管理的内容。监视和事态管理实践的目的在于系统化观察服务和服务组件,记录和报告识别为事态的选定状态变更的实践。服务配置管理实践的目的在于确保在需要的时间和位置提供有关服务配置及支持配置项的准确且可靠的信息。信息安全管理实践的目的在于保护组织所需信息以便开展业务。事件管理实践的目的在于通过尽快恢复正常服务运营来最大限度降低事件的负面影响。

16. C　此题在考服务请求管理的内容。履行服务请求可能涉及对服务或其组件的变更,通常为标准变更。标准变更是指一些低风险、预先授权的变更,已有良好的理解和完善的记录,无须额外授权即可实施,这类变更通常作为服务请求发起。正常变更是指需要计划、评估和授权的变更。紧急变更应尽可能受到与正常变更相同的测试、评估和授权。正常变更和紧急变更应在变更实施管理实践中处理,而不在服务请求管理实践中处理。

17. A　此题在考问题管理的内容。已知错误是经过初步分析认定的问题,通常表明发现了故障组件。而问题仍处于已知错误状态和应用了记录在案的临时方案。问题是指一个或多个事件的实际或潜在原因,而已知错误是指已经过分析但尚未解决的问题。已知错误无法引发问题,它们本身就是已经过分析但尚未解决的问题。已知错误和问题均可引发事件。很多问题管理活动都要依靠人的知识和经验才能展开,而非仅靠遵守详细程序。负责诊断问题的人员通常要具备理解复杂系统的能力,并思考不同的失效是如何发生的。对分析能力与创造才能的综合培养需要指导和时间,以及适当的培训。这类人员既可能从事技术角色,也可能从事服务管理工作。

18. A　此题在考持续改进管理的内容。虽然每个人都应该对改进做出贡献,但至少应该有一个小型的全职团队来领导持续改进的努力,并在整个组织中倡导这种实践。不同类型的改进可能需要不同的改进方法。例如,有些改进可能最好组织成一个多阶段项目,还有些改进可能更适合作为一次性快速实现。持续改进实践是开发和维护其他各项实践不可或缺的一部分。如果第三方供应商也是服务领域的一部分,则不应排除在改进范围内。

19. C 此题在考度量与指标的内容。指标应与指定结果价值相关,而不止简单的过程指标。这可通过均衡使用各项指标来实现。收集的指标不会减少,不过可能会整合汇总,以提供更清晰的信息。

20. B 功效对应服务级别协议(SLA)的满足,即非功能性需求的满足,如服务可用性达到99.99%的指标。

21. D 应考虑是否可以沿用当前的工作流(Workflow)模型,这是工作流的重用原则。

22. D 角色和职责属于组织和人员维度。

23. C 符合有反馈的迭代式进展原则。

24. D 持续改进,人人有责。

25. C 服务台关联事件和服务请求实践。

26. B 服务价值链(SVC)的计划(Plan)活动关联愿景(Vision)。

27. D 部署管理实践的目的在于将新的或变更的硬件、软件、文档、流程或其他服务组件移至生产环境中。IT资产管理实践的目的在于计划和管理所有IT资产的整个生命周期。发布管理实践的目的在于提供新的和变更的服务与特性以供使用。变更实施实践的目的是通过确保正确评估风险,授权进行变更,以及管理变更日程,使服务和产品变更的数量获得最大化的成功。

28. A 为用户提供系统访问权限属于访问管理的范畴,即为用户设立账号和修改密码的操作,此类操作可以关联服务申请,即让用户以一个服务请求单的形式提出此类获得访问资源的请求。我们可以把访问管理作为一种类型的服务请求来处理。

29. A 服务台为用户报告难点、查询和提出请求提供明确路径,方便用户确认、分类、拥有和采取行动。事件管理实践仅用来处理事件,不负责处理查询和请求。事件管理实践的目的在于通过必要的操作以尽快恢复正常服务运营,最大限度降低事故的负面影响。变更实施实践仅处理变更请求,不负责其他查询和服务请求。变更实施实践的目的是通过确保正确评估风险,授权进行变更,以及管理变更日程,最大化成功的服务和产品变更的数量。服务级别管理实践可确保达到服务目标,但不会管理来自用户的查询和请求。服务级别管理实践的目的是为服务绩效制定明确的以业务为本的目标,以便根据这些目标适当地评估、监察和管理服务的交付。

30. D　服务就是以价值共创的方式交付价值。所以专注于价值的原则,重点关注为服务消费者提供价值交付。

31. C　服务级别管理识别了真实反映客户实际体验和对整个服务满意度的指标和衡量标准,而且需要通过参与来理解和确认客户的实际持续需求,而非仅凭服务提供方的解释或几年前达成的共识。持续改进实践的目的在于通过持续改进产品、服务和实践,或产品和服务管理中涉及的任何要素,让组织实践和服务与不断变化的业务需求保持一致。服务台实践的目的在于了解事件解决方案和服务请求方面的需求。此外还应作为服务提供方与所有用户之间的切入点和单一联系点。问题管理实践的目的在于通过识别事件的实际和潜在原因以及管理临时方案和已知错误来减少事件发生的可能性和影响。

32. A　持续改进登记册(CIR)的根本目的是用来记录、评估改进想法并进行优先级排序。

33. C　变更日程用于辅助计划变更、协助通信、避免冲突和分配资源。此外还可用于在部署变更后提供事件管理、问题管理和改进规划所需的信息。尽管变更日程在部署变更后可使用,但这并非变更日程的主要用途。紧急变更是指这些变更必须尽快实施,例如为了解决某个事件或实施安全补丁。紧急变更通常不在变更日程中,评估和授权流程更快,以确保快速实施。标准变更已获得预先授权,无须进入变更日程。标准变更是一些低风险、预先授权的变更,已有良好的理解和完善的记录,无须额外授权即可实施。

34. B　在持续改进模型中的"我们现在处于怎样的阶段"的步骤,关联执行基线(Baseline)的评估。详见持续改进模型的步骤如下:

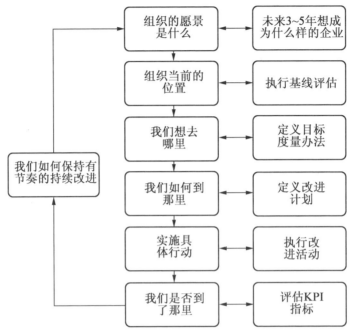

35. D 价值流和流程维度侧重于组织开展的具体活动、活动的组织方式以及组织如何确保高效且有效地为所有利益相关者创造价值。组织和人员维度描述了角色和职责、正式组织架构、文化以及所需人员配置和能力。信息和技术维度涵盖服务管理所需的信息、知识和技术,在服务供应和消费的过程中创建、管理和使用的信息,以及支持和启用服务所涉及的技术。合作伙伴与供应商维度涵盖组织与参与服务设计、开发、部署、交付、支持和/或持续改进的其他组织之间建立的关系,其中还包含组织与其合作伙伴或供应商之间达成的合同和其他协议。

36. C 服务消费者可通过积极地参与服务项目的交付,并传达服务项目可能的约束来尽早识别风险和协助采取必要的风险降低手段来协助降低风险。

37. A 事件分类有助于将事件导向正确的支持区域。更为复杂的事件通常会升级给支持团队来解决。具体路径通常取决于事件类别,正确和合理的事件类别有助于识别正确的团队。事件优先级是由业务影响决定。根据商定的业务影响和紧急程度,决定当前事件的优先级排序，以确保首先解决对业务影响最大的事件。另外，事件分类不存在可确保事件在与客户商定的时间范围内得到解决的作用，这属于事件管理的范畴。在事件管理过程中每个事件均应进行记录和管理，以确保在客户或用户期望的时间范围内得到解决。事件分类没有可决定人们对服务提供方的看法的功效。客户和用户满意度决定人们对服务提供方的看法。事件管理流程本身对客户和用户满意度，以及客户和用户对服务提供方的看法有着巨大影响。

38．A　基于当前情况开始的指导原则需要对当前情况进行度量，来支持而非替代所观察到的内容。通过度量识别改进所面临的基本情况，再通过持续的度量指标来识别可能的改进方向。

39．B　服务是指一种实现价值共创的方式，客户无须承担特定成本或风险即可促成其期望实现的结果（Outcome）。结果（Outcome）等同于价值（Value）。功效（Warranty）是对产品或服务能符合约定需求的保证。服务必须有功效，但仅有功效还不足以实现价值共创。功用（Utility）是指通过产品或服务提供的功能。服务必须有功用，但仅有功用还不足以实现价值共创。输出是指活动的一种有形或无形交付物。服务必须有输出，但仅有输出还不足以实现价值共创。

40．C　服务是指一种实现价值共创的方式，客户无须承担特定成本或风险即可促成其期望实现的结果（Outcome）。结果（Outcome）等同于价值（Value）。

5.2　第二套全真模拟试题答案解析

1．B　"基于当前情况开始"指导原则表明适当理解服务和方法的当前状态对于选择哪些元素可重新利用、修改或作为构建基础来说至关重要。其他选项没有这个含义。

2．C　问题管理的三个阶段分别是问题识别、问题控制和错误控制。

3．B　现代 IT 服务管理工具可将某个事件与其他事件、问题或已知错误进行自动匹配。A 选项：对目标解决方案时间进行约定、记录和沟通，以确保预期符合现实。良好的 IT 服务管理工具可协助组织满足这些时间要求，但工具本身无法确保一定会实现。C 选项：事件管理要求与供应商合同保持一致，但确保合同一致是供应商管理实践的一个目的。D 选项：最为复杂的事件以及所有重大事件,通常都需要一个临时团队来共同识别解决方案。对更为复杂事件的调查通常需掌握一些相关知识和专业技能,而非程序步骤。

4. C　标准变更是风险可控的变更,可以作为服务请求的一种类型来处理。

5. A　服务请求管理实践的目的在于通过处理所有预定义、用户发起的服务请求来支持所约定的服务质量。服务请求是指由用户或用户授权代表发起的服务行动请求。B 选项:客户是定义服务需求并对服务消费结果负责的角色。当然,客户也可为用户,可以用户身份提交服务请求,此为次选答案。C 选项:赞助方是指授权服务消费预算的角色。赞助方也可为用户,可以用户身份提交服务请求。D 选项:合作伙伴与供应商维度涵盖组织与参与服务设计、开发、部署、交付、支持和/或持续改进的其他组织之间建立的关系,属于供应商管理实践,不属于服务请求管理实践。

6. C　信息和技术包括 IT 资产的保护方式,比如某公司规定运维人员必须通过堡垒机才能访问核心的服务器或网络设备。

7. C　服务台实践的目的在于了解事件解决方案和服务请求方面的需求。此外还应作为服务提供方与所有用户之间的切入点和单一联系点。A 选项:事件管理实践的目的在于通过尽快恢复正常服务运营,最大限度降低事件的负面影响。B 选项:变更实施实践的目的是通过确保正确评估风险,授权进行变更,并管理变更日程,最大化成功的服务和产品变更的数量。D 选项:服务请求管理实践的目的在于通过以有效而用户友好的方式处理所有预定义、用户发起的服务请求来支持约定的服务质量。

8. A　事件管理的目的是尽快恢复业务,有关问题和已知错误的信息可以帮助启动快速有效的事件诊断,从而助力于业务的快速恢复。

9. A　"整体思考和工作"指导原则建议:在以服务形式提供价值时,需要全面考虑组织的各个方面。其中包括服务管理的四个维度(组织和人员、信息和技术、合作伙伴与供应商、价值流和流程)。B 选项:"利用反馈迭代式进展"指导原则要求将计划分解成更易于执行的可管理部分,与服务管理的四个维度无主要关系。C 选项:"专注于价值"指导原则旨在确保组织的一切行为都是为了向服务消费者提供价值,与服务管理的四个维度无主要关系。D 选项:"保持简单实用"指导原则侧重于通过降低复杂性并去除不必要的活动和步骤来简化程序。

10. D 持续改进强调改进的范畴是所有价值链活动中的所有产品和服务。

11. B 服务请求是指用户或用户授权代表为了解服务行动或获取服务资源而提出的请求。

12. A 流程活动需要先优化,再考虑自动化。这符合 ITIL 4 的优化和自动化原则。

13. D 持续改进是全体组织成员的责任,且持续改进的承诺和实践必须全方位融入组织的各个方面。

14. A 功效是指对产品或服务会满足约定要求的保证,属于非功能性需求。

15. D 信息安全管理实践的目的在于保护组织所需信息以便开展业务。其中包括理解和管理信息机密性(保密性)、完整性和可用性方面的风险,以及信息安全的其他方面,如身份验证(确保他人身份无误)和不可否认性(确保某人无法否认其行为)。

16. C 持续改进需要首先明确改进的方向和内容,而 SWOT 分析、平衡计分卡评审和成熟度评估可以辅助确定改进的具体方向和内容。

17. B "基于当前情况开始"指导原则建议应直接衡量和/或观察已经存在的服务和方法,以便正确理解当前状态及可重复利用的内容。C 选项:"保持简单实用"指导原则指出组织应尽可能减少实现某个目标的步骤数,与本题不太相关。

18. A 事态(Event)被定义为对 IT 服务管理具有重大影响的状态变更。

19. D 持续改进已经作为 ITIL 4 的原则之一,成为一种"高大上"文化的一部分。

20. A 关系管理实践的目的是建立和培养组织和其利益相关者之间的关系,即战略和战术的关系。

21. A 指导原则被定义为能够在任何情况下指导组织并在采用服务管理时指导组织的建议。指导原则并非规定性或强制性原则。B 选项:指导原则将由组织审核和采纳。指导原则可指导组织做出决策和采取行动,但不会强制要求特定行动或决策。

22. C 趋势分析显示大量类似事件属于重复发生的事件,需要开一个问题单,纳入问题管理流程,对此问题做根本原因分析和解决,防止它再发生。

23. B 各类变更必须分配合适的变更授权人,以确保变更实施不但有效而且高效。对于正常变更,基于变更类型的变更模型决定了评估和授权的角色。

24. D 服务台作为终端用户的唯一联系人,要求服务台员工展现出色的客户服务技能,如同理心和情商等。

25. C　发布管理实践的目的在于提供新的和变更的服务与特性以供使用。D 选项：部署管理实践的目的在于将新的或变更的硬件、软件、文档、流程或其他服务组件移至生产环境中。A 选项：变更实施实践的目的是通过确保正确评估风险，授权进行变更，并管理变更日程，最大化成功的服务和产品变更的数量。B 选项：服务请求管理实践的目的在于通过以有效而用户友好的方式处理所有预定义、用户发起的服务请求来支持约定的服务质量。

26. B　配置管理的目的是确保配置项准确且可靠。

27. B　服务级别管理可提供组织服务的端到端可见性。为实现这一目的，服务级别管理捕获和报告服务的难点，并促进组织服务的可见性。

28. A　信息安全管理实践的目的是保护组织所需信息以便开展业务。信息安全管理强调核心业务或组织资产的机密性、完整性和可用性不被破坏。

29. D　价值链运营模型的具体活动代表组织在价值创造过程中将采取的步骤。每项典型活动都存在可能的输入和输出。例如，价值链运营模型中的某项活动的输入可以作为其他活动的输出，即活动之间是相互关联的。

30. B　服务台实践拥有和管理来自用户的难点、查询和请求，终端用户可以开服务请求单到服务台，由服务台受理和跟踪解决。

31. A　供应商管理实践的目的在于确保组织的供应商及其绩效受到妥善管理，以支持无缝供应优质的产品与服务。B 选项：持续改进实践的目的在于通过持续改进产品、服务和实践，或产品和服务管理中涉及的任何要素，让组织的实践和服务与不断变化的业务需求保持一致。C 选项：关系管理实践的目的在于在组织和其利益相关者之间建立和培养战略与战术层面上的关系。D 选项：服务配置管理实践的目的是确保有关服务配置和支持服务的配置项的准确和可靠的信息，以在需要时和需要的地方可用。

32. B　供应商管理可以确保组织的供应商及其绩效受到妥善管理，以支持无缝供应优质的产品与服务。

33. B　从服务消费者角度考虑，服务关系中涉及两类成本：一是通过服务为服务消费者削减的成本，通常这是价值主张的一部分。其中可能包括人员成本、技术成本以及消费者不需要的其他资源的成本。二是通过服务施加给消费者的成本。消费服务的总成本包括服

第5章 ITIL 4 初级认证模拟试题答案解析

务提供方收取的价格(如有)加上其他成本,如员工培训、网络使用成本、采购成本等。

34. B　创建标准变更程序时,需要考虑每种标准变更的预审批和授权程序,每种可能的审批和授权关联充分的风险评估和授权。A 选项:在每次实施标准变更时,需要根据预授权的流程步骤来严格执行授权操作。

35. C　服务台实践的目的在于捕获事件解决方案和服务请求方面的需求。此外还应作为服务提供方与所有用户之间的切入点和单一联系点。A 选项:问题管理实践的目的在于通过识别事件的实际和潜在原因以及管理临时方案和已知错误来减少事件发生的可能性和影响。B 选项:变更实施实践的目的是通过确保正确评估风险,授权进行变更,并管理变更日程,最大化成功的服务和产品变更的数量。D 选项:服务级别管理实践的目的在于基于业务设定清晰的服务绩效目标,以依据这些目标正确地评估、监视和管理服务交付。

36. B　服务请求时间的期望指标关联消费者的服务需求。

37. B　选择几个适合组织常见改进类型的关键方法并加以培养是个好办法。C 选项:很多方法均可用于改进计划,特别提醒:不可使用过多方法。

38. C　选择"专注于价值"的原则。因为题干是要求利益相关者审核所计划的变更,目的是判断到底是否需要授权变更,那么应该基于变更带来的价值与风险的平衡关系。

39. D　"专注于价值"的原则最注重的是为服务消费者创造价值。价值形式多样,对服务消费者的价值贡献可以包括多个方面,如提升收入、提高客户忠诚度、降低成本和促进业务发展机会等。

40. B　因为保持简单实用建议的是要消除浪费和不合理的情况,需要设计好指标,然后根据指标的表现情况,识别浪费情况并对不良的指标进行移除,以实现保持简单实用原则。D 选项:仅添加合规要求的控制和指标,这个合规的程度很难把握,合规有可能反而比较复杂和不实用。

5.3　第三套全真模拟试题答案解析

1. C　良好服务台的一个关键方面在于从更广泛的层面切实理解组织、业务流程与用户。A 选项:随着自动化、人工智能、机器人流程自动化和聊天机器人的不断进步,服务台正通过在线门户和移动应用直接提供更多自助日志记录和解决方案。B 选项：服务台可以不需要高度技术化，但是部分已实现高度技术化。D 选项：在某些情况下，服务台应为一个有形团队，在固定位置工作。在另外一些情况下，虚拟服务台则支持代理人在多个分散的地理位置开展工作。

2．A　符合服务请求管理实践的表述是条目 1 和条目 2。服务请求是一般服务交付的一部分，投诉可作为服务请求来处理。而服务失效是事件，标准变更才能作为服务请求来处理。

3．C　"利用反馈迭代式进展"指导原则的描述表示通过将工作分割成较小的可管理、可及时执行和完成的部分，增加对各项工作的关注度，且易于维护。A 选项："专注于价值"指导原则有助于确保全面考虑对服务消费者、服务提供方和其他利益相关者的价值。它并没有具体描述将工作划分成更小的、可管理的、可以及时执行和完成的部分。B 选项："基于当前情况开始"指导原则有助于避免浪费，并充分利用现有服务、流程、人员、工具等。D 选项："协作并促进可见性"指导原则有助于让合适人员参与进来，提供更好决策，提高成功概率。

4．C　事件管理的目的是通过降低服务中断的负面影响来改进客户和用户的满意度。

5．A　一些低风险、预先授权的变更，已有良好的理解和完善的记录，无须额外授权即可实施。这类变更通常以服务请求的形式发起。B 选项：正常变更或普通变更是指需要计划、评估和开会授权的变更。

6．A　组织和人员维度需要关注人员的岗位角色和职业技能评估。

7．C　当解决问题不可行或不符合成本效益时，针对事件的有效临时方案则可成为处理相应问题的永久方式。这种情况下，问题仍然处于已知错误状态，如果发生相关事件，则可使用记录在案的临时方案。A 选项：变更请求只有在合理情况下才可提出。问题管理的错误控制也涉及识别一些潜在的永久性解决方案，这可能需要发起执行某个解决方案的变更请求，但前提是成本、风险和收益方面必须合理。

8．A　此题在考指导原则的特征，即持久性和通用性。条目 1 和 2 符合这一特征。

9．D　计划价值链活动的目的在于确保对组织内所有四个维度以及所有产品和服务的愿景、当前状态和改进方向达成共识。

10. C　此题在考发布管理的目的,即提供新的和变更的服务以供使用。D 选项是部署管理的目的。

11. A　事态可定义为对服务或其他配置项（CI）的管理有重大意义的状态变更。B 选项:配置项可定义为为提供 IT 服务而需要进行管理的任何组件。C 选项:事件是指服务的意外中断或服务质量的下降。D 选项:IT 资产是指任何能够给 IT 产品或服务的交付提供支持且具有财务价值的组件。

12. B　服务价值系统 SVS 共有 5 个组件,分别是指导原则、治理、服务价值链、实践、持续改进。

13. C　结果是通过一个或多个输出为利益相关者实现的成果。服务的定义描述了如何通过促成客户想要的结果来共创服务价值。A 选项:活动的输出为有形或无形的交付物,而非最终结果。B 选项:为满足特定需求的产品或服务所提供的功能,这是功用的定义,而非结果。D 选项:产品是旨在为消费者提供价值的组织资源配置。

14. B　这是变更分类的经典题目,A 选项和 C 选项是标准变更,D 选项是紧急变更,B 选项为一般变更也称正常变更。

15. D　服务的组织和人员维度涵盖角色和职责、正式组织架构、文化以及所需人员配置和能力,所有这些均与服务的创建、交付和改进相关。

16. B　服务级别协议关键要求是基于业务的成果目标和简单易于理解。故服务级别协议应简单编写且易于理解。

17. D　问题管理活动可从服务管理的四个维度寻找改进机会。在某些情况下,解决方案也可被视为改进机会,因此可添加至持续改进登记单（CIR）中,并使用持续改进技术对其进行优先级排序和管理。另外,问题管理的错误控制环节还包括识别潜在永久解决方案,且可能需要为实施解决方案而发起变更请求。

18. B　服务提供方通过服务供给以达成服务消费者期望的结果。

19. B　"保持简单实用"指导原则指出:在分析某个实践、流程、服务、指标或其他改进目标时,一定要确认是否有助于价值创造。D 选项:最好从简单方案开始,发现确实需要某些控制、活动或指标后,再酌情添加。

20. B　配置项的定义是为交付 IT 服务而需要进行管理的任何组件。

21. C　注重价值首先要知道为谁服务。也就是说,服务提供方在任何情况下都要先确定服务消费者是谁。B 选项:供应商和合作伙伴也可能为利益相关者,但首先明确服务消费者是谁至关重要。

22. C　服务价值链的输入是需求。D 选项:反馈回路是内部输入。

23. D　服务提供方会定义商品、资源获取和服务行动组合,以满足不同消费者群体的需求。这些组合也称服务供给。

24. A　服务台的定位不是技术专家,而是快速理解和确认用户需求,所以是事件分析技能。

25. B　功效是对产品或服务能符合约定要求的保证。A 选项:流程的输出是指一种有形或无形活动的交付物。C 选项:风险是指可能导致伤害或损失,或者增加目标实现难度的事态。D 选项:功用是指为满足特定需求的产品或服务而提供的功能。

26. D　服务级别协议最为关键的要求是基于业务的成果目标,而非仅仅是运营级别指标。只有基于业务的成果目标,才适合衡量用户体验。

27. A　随着自动化程度的提高,对服务台的影响在于可减少电话联系和低级工作。当需要人工联系时,能够更加注重提供出色的客户体验(CX)的才能。

28. D　并不是所有的原则在每种情况下都是至关重要的,但它们都应该在特定的决策场景下进行审查,以确定它们是否合适。

29. C　事态指通过监控系统识别的对服务有意义的状态改变。

30. B　服务消费者有 3 大角色,用户、客户和发起人。

31. B　功用是指通过产品或服务提供的功能。C 选项:功效是指对产品或服务会满足约定要求的保证。

32. C　"基于当前情况开始"指导原则指在消除旧的、不成功的方法或服务并创建更好的东西的过程中,应尽可能利用已有的服务、流程、人员和工具。

33. A　服务台处理的事件如果反复出现,需要开一个问题单进行根本问题原因分析和彻底解决,不让其再发生。故服务台应协助确定问题。

34. C　为用户安装软件一般属于服务请求。

35. B　监视和事态管理实践的目的在于系统化观察服务和服务组件,记录和报告已经识别为事态的选定状态变更的实践。排除法,A 选项是配置管理,C 选项是信息安全管理,D 选项是事件管理。

36. B 一般变更需要严格按流程执行审批的变更。其他选项的描述都有一定的错误。比如,A 选项变更日程中的变更属于一般变更,需要获得额外授权。

37. A 服务价值系统(SVS)的核心是服务价值链,服务价值链有 6 个活动,输出是价值。

38. C "设计与转换"的目的是确保产品和服务一直满足利益相关者的期望。A 选项是"获取/构建"的目的,B 选项是"交付和支持"的目的,D 选项是"计划"的目的。

39. B 经过认真分析和理解的准确数据是基于事实的改进决策的基础。持续改进实践应得到相关数据来源和熟练数据分析的支持,以确保充分理解各个潜在的改进情况。A 选项:服务衡量方法固然重要,但只有准确的数据才可推动基于事实的改进决策。C 选项:平衡计分卡是促成决策的因素之一,但平衡计分卡本身不能作为基于事实的决策的基础。D 选项:成熟度评估很有用,但这项评估仅可提供一条信息,不能作为持续改进实践中的决策基础。

40. D 变更日程用于帮助计划变更、协助沟通、避免冲突和分配资源。在部署了变更之后,还可以使用它来提供事件管理、问题管理和改进计划所需的信息。

5.4 第四套全真模拟试题答案解析

1. D 服务请求或服务履行是对标准用户请求的受理,强调预授权。所以服务请求管理实践尽可能地标准化和自动化。

2. C 此题在考关系管理的主要目的,即在组织和其利益相关者之间建立和培养战略与战术层面上的关系。

3. C 根据商定的优先级定义对事件进行优先级排序,以确保首先解决对业务影响最大的事件。B 选项为重大事件升级流程,而不是优先级排序的内容。更为复杂的事件常会升级给支持团队进行解决。具体路径通常取决于事件类别,这有助于确定正确的团队。

4. B 服务提供方和服务消费者形成服务关系以持续进行价值共创。

5. B 服务台是服务提供方对外的唯一窗口,是终端用户的唯一联系人。

6. A 每一次迭代结束都是重新评估方向是否正确和调整方向的机会,以无限贴近客户的需求。B 选项是优化和自动化的原则,C 选项是关注价值的原则,D 选项是基于当前的位置开始的原则。

7. D 输出是指活动的一种有形或无形交付物。

8. B 通过可见性来提高改进的紧迫性,工作的不可见性会导致糟糕的决策,从而影响组织改进的内部动力。故需要将相关信息让所有利益相关者都知晓,并且全程参与,并通过让利益者能理解的方式让所有利益相关者参与进来。

9. A 本题的所有选项中只有 A 选项应该应用事件管理来处理,其他都是典型服务请求。

10. B 指导原则可指导组织工作,并根据自身特定需求与情况来调整 ITIL 的指导方针。

11. B 理解组织愿景与目标是"优化和自动化"原则的第一步:理解并约定拟优化所处的环境,包括约定组织整体愿景和目标。A 选项是"优化和自动化"原则的第 4 步:确保适当级别的利益相关者参与并承诺优化。C 选项是"优化和自动化"原则的第 2 步:评估拟议优化的当前状态。这有助于了解有待改进的方面以及哪些改进机会可能产生最为积极的影响。D 选项是"优化和自动化"原则的第 3 步:商定组织的未来状态和优先事项,侧重于简化和价值。这一步通常还包括对实践和服务进行标准化处理,以便之后更容易实现自动化或进一步优化。

12. A 此题考功用的定义是服务为满足特定需要而提供的功能。

13. C 问题是指一个或多个事件的实际或潜在原因。A 选项:变更是指添加、修改或删除可能对服务产生直接或间接影响的任何内容。B 选项:事态是指对服务或其他配置项(CI)的管理有重大意义的状态变更。事态一般通过由 IT 服务、配置项或监视工具创建的通知来确定。D 选项:事件是指服务计划外的中断或服务质量的下降。

14. B 发布管理实践的目的是可提供新服务以供使用。部署管理实践的目的在于将新的或变更的硬件、软件、文档、流程或其他服务组件移至生产环境中。

15. C 服务价值系统的目的在于通过使用和管理产品与服务来确保组织与所有利益相

关者一起持续共创价值。A选项:"专注于价值"指导原则的目的在于指导组织思考服务消费者的需求。它无法确保组织与所有利益相关者一起持续共创价值。

16. D 问题管理实践的目的是分析造成频发事件的根本原因,需要通过对以往发生过的事件进行趋势分析、根因分析才能识别出来。

17. C 问题管理通常在问题分析完成后,才能输出已知错误和临时方案。

18. A 在与供应商签署服务合同时,合同中应明确供应商在合同期限内应如何衡量、报告和改进服务细节。

19. B 服务请求管理实践的目的在于通过以有效而用户友好的方式处理所有预定义、用户发起的服务请求来支持约定的服务质量。A选项:变更实施实践的目的在于通过确保风险得到合理评估来最大限度增加服务和产品变更的成功次数,从而授权变更继续和管理变更日程。

20. B 组建临时团队是重大应急事件处理的常见方法,以快速诊断和解决事件。

21. D 紧急变更需要优先执行,标准变更是预授权的。变更日程主要实现对正常变更的调度。

22. D 服务台代理向用户提供支持属于典型的运维服务,是服务行动最佳示例,其他选项属于资源访问。

23. D 服务关系管理是指方和服务消费者之间的联合活动,目的在于确保基于协定和可用的服务供给来持续共创价值。A选项:服务供应不是联合活动,而是服务提供方的单方活动。B选项:服务消费不是联合活动,而是服务消费者的单方活动。C选项:服务供给不是活动,而是一项或多项服务的描述,这些服务旨在解决目标消费者群体的需求。服务供给可以包括商品、资源访问权限以及服务行动。

24. A 在某些极端情况下,可能会调用灾难恢复计划来解决某个事件。B选项:服务请求是服务交付的正常组成部分,不属于服务失效或服务质量下降,后者将作为事件来处理。C选项:服务级别管理实践的目的在于针对服务级别设置明确的基于业务的目标,并确保根据这些目标对服务交付进行适当的评估、监控和管理。D选项:IT资产管理实践的目的在于计划和管理所有IT资产的整个生命周期。资产管理包括收购、运营、关注和处置组织资产。

25. D "利用反馈迭代式进展"指导原则建议理解整体,但应做点实事。有时迭代式进步的最大障碍在于想要全盘理解和负责,耗费了大量时间分析局面,而没有任何实际行动。B 选项"基于当前情况开始"指导原则表明在做出变更之前应先了解当前情况,应直接衡量或观察已经存在的服务和方法,以便正确理解当前状态及可重复利用的内容。对于如何继续,应基于尽可能准确的信息来决定。

26. B　"协作并促进可见性"指导原则表明工作可见性不充分可能带来不良决策,进而影响组织改进内部的实施能力。因为不清楚哪些改进可能对成果产生最为积极的影响。为避免这一情况,组织需要执行一些关键分析活动,如了解进行中的工作流、识别瓶颈以及过剩容量并发现浪费。A 选项:"专注于价值"指导原则表明所有改进工作均应为客户和其他利益相关者提供可衡量的价值,但并未强调需要了解工作流、识别瓶颈和发现浪费。C 选项:"整体思考和工作"指导原则表明组织应从整体上综合作业,而不要仅关注部分,这一原则没有特别强调需要了解工作流、识别瓶颈和发现浪费。D 选项:"保持简单实用"指导原则表明组织应尽可能缩减步骤,去除无实用结果的步骤。这确实要求发现浪费,但没有特别强调需要了解工作流和识别瓶颈。

27. A　此题在考服务的定义以及与其他概念的区别。服务是指一种实现价值共创的方式,客户无须承担特定成本或风险即可促成其期望实现的结果。输出是指活动的一种有形或无形交付物。实践是指为开展工作或完成目标而设计的一套组织资源。持续改进是一种实践,旨在让组织实践和服务与不断变化的业务需求相一致。

28. A　"保持简单实用"指导原则侧重于通过降低复杂性并去除不必要的活动和步骤来简化程序。

29. A　务必要确保组织构建和管理的方式及其角色、职责及授权和沟通系统得到良好定义,并支持其总体的战略和运营模型。所以组织和人员维度涉及治理、管理和沟通。

30. B　已知错误是指已经过分析但尚未解决的问题。

31. D　IT 资产管理实践的目的在于计划和管理所有 IT 资产的整个生命周期,包括管理能够给 IT 服务的交付提供支持且具有财务价值的组件。

32. C　服务请求管理离不开精心设计的流程和程序,这些流程和程序通过跟踪和自动化工具得以实现,以便最大限度提高实践效率。A 选项:称赞和投诉都只是服务请求的一部分,无法单纯以此提高实践效率。B 选项:虽然很多服务请求均已采用自助服务工具发起和实现,但并非所有服务请求均适合这种方式。D 选项:服务请求是服务交付的正常组成部分,不属于服务失效或服务质量下降,后者将作为事件来处理。

33. D　良好服务台的一个关键方面在于从更广泛的层面切实理解组织、业务流程与用户。A 选项为关系管理的目的。B 选项为变更实施实践的目的。C 选项为问题管理的目的。

34. A　服务配置管理实践的目的在于确保在需要的时间和位置提供有关服务配置及支持配置项的准确且可靠的信息。其中包括配置项信息的配置方式以及各个配置项之间的关系。C 选项:IT 资产管理实践的目的在于计划和管理所有 IT 资产的整个生命周期,以帮助组织实现价值最大化、控制成本、管理风险以及为采购、再利用和资产处置决策提供支持。

35. D　事件管理实践的目的在于通过尽快恢复正常服务运营来最大程度降低事件的负面影响。A 选项:供应商管理实践的目的在于确保组织的供应商及其绩效受到妥善管理,以支持无缝供应优质的产品与服务。B 选项:部署管理实践的目的在于将新的或变更的硬件、软件、文档、流程或其他服务组件移至生产环境中。其中可能涉及将组件部署至不同环境,以用于测试或分段计划。C 选项:问题管理实践的目的在于通过确定事件的实际和潜在原因以及管理临时方案和已知错误来减少事件发生的可能性和影响。

36. B　遇到问题,需要基于风险分析确定优先级,并根据其潜在影响和可能性,作为风险来实施管理。A 选项:没有必要逐一分析每个问题,在最优先问题上取得重大进展比调查组织发现的各个小问题更有价值。C 选项:错误控制也涉及识别一些潜在的永久性解决方案,这可能需要发起执行某个解决方案的变更请求,但前提是成本、风险和收益方面必须合理。D 选项:如果问题得不到快速解决,则基于对问题的理解,寻找并记录临时方案作为未来事件的参考是个比较实用的做法。

37. C　企业文化是某些组织一直以来都会将某一种方式视为首选,比如优先选择自己做而不找供应商。没有令人信服的理由,就很难改变长期存在的文化偏见。A 选项:取决于供应商战略,而不是影响组织的供应商战略。B 选项:与供应商的这类合作取决于供应商战略,而不会对其产生影响。D 选项:正式程度取决于合作形式,而合作形式则取决于供应商战略。

38. B　关系管理实践的目的在于在组织和其利益相关者间建立和培养战略与战术层面上的关系。其中涉及识别、分析、监视以及持续改进与利益相关者的关系以及利害干系人之间的关系。A 选项:持续改进实践的目的在于通过持续改进产品、服务和实践,或产品和服务管理中涉及的任何要素,让组织实践和服务与不断变化的业务需求保持一致。C 选项:问题管理实践的目的在于通过确定事件的实际和潜在原因以及管理临时方案和已知错误来减少事件发生的可能性和影响。D 选项:事件管理实践的目的在于通过尽快恢复正常服务运营来最大程度降低事件的负面影响。

39. B IT 资产管理实践的目的在于计划和管理所有 IT 资产的整个生命周期,以帮助组织实现价值最大化、控制成本和管理风险。A 选项:关系管理实践的目的在于在组织和其利益相关者之间建立和培养战略与战术层面上的关系。C 选项:发布管理实践的目的在于提供新的和变更的服务与特性以供使用。D 选项:服务台实践的目的在于了解事件解决和服务请求方面的需求。

40. C 紧急变更是指必须尽快实施的变更,如解决某个事件或实施某个安全补丁,比如针对 Apache Log4j2 的远程代码执行漏洞的紧急安全补丁。

第6章 ITIL 4 中高级认证模拟试题答案解析

6.1 第一套全真模拟试题答案解析

1. C 协作的定义是共同努力实现一个共同的组织目标。

2. D 尝试用不同角度解决问题是一种持续改进文化的具体体现。持续改进文化已经作为 ITIL 4 的原则之一,并成为一种"高大上"文化的一部分。

3. B ITIL 4 非常强调敏捷价值观所提倡的服务型领导和领导力,领导力的一个特质就是采用必要的激励手段来激发员工的创新能力。

4. C 价值流可以是从新产品需求到最终产品交付的活动流,也可以是从旧有产品的事件申报到事件彻底解决的活动流。ITIL 4 是通过精益价值流图分析的方法来不断优化这种价值流。

5. A ITIL 4 秉承服务 V 模型宗旨,以及测试左移的思想。图 6-1 是 V 模型的示例。

6. B ITIL 4 吸收了关于敏捷开发的产品待办事项的优先级的思想。

7. D ITIL 4 事件管理实践具有针对事件单必要的升级机制。

8. C ITIL 4 希望组织应该具有自己的 IT 软件研发资源,这样就可以更加切合组织的需要。

9. B 改进的目的是为了提升服务或产品交付价值的能力。

10. D ITIL 4 的原则对应组织的合规性。本题的次选答案是治理,治理用来检验合规性。

11. D ITIL 4 强调商业分析流程,即考虑战略落地项目的商业论证的分析。

12. D ITIL 4 强调精益价值流分析,要求价值流的利益相关者一起工作,寻找优化和消除浪费的方法,并建立度量改进的指标。

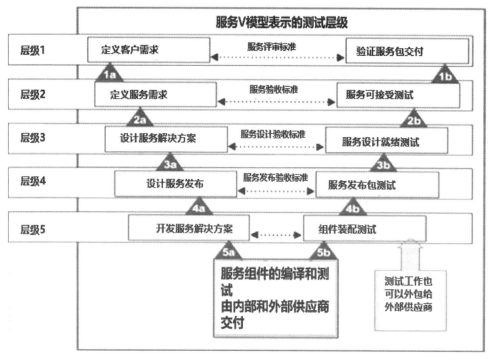

图 6-1

13. C ITIL 4 强调精益思想,通过价值流分析来杜绝不必要的浪费。

14. B ITIL 4 的原则和持续改进的文化是组织改进的原动力。

15. B 改进的优先级取决于对组织愿景的影响程度,改进是为了实现组织愿景的阶段努力。

16. C 持续改进的文化和强有力的治理为组织改进创造了顶层设计的保证。

17. B 变革肯定会受到阻力,所以要采取多种沟通方法,积极倾听和获得及时的反馈。

18. C 解决冲突的最好方式是直面解决问题,采取协作和共赢的态度解决问题,并强调面对面沟通的重要性,因为面对面沟通所获得沟通对象的信息量是最全面的,因而更容易正确理解对方的情况。

19．C　强调运营团队应该参与到最初服务的规划和设计中去，并提出必要的运营需求和针对产品非功能性需求的指导意见。

20．C　精益看板的应用符合 ITIL 4 的"协作并促进可见性"的原则。

21．C　云计算提供商属于合作伙伴和供应商的维度。

22．D　技术的控制是为满足组织业务目标的达成而服务的。

23．B　组织的人员在面临重大组织变革时，需要做好必要的评估，了解其面对未来的能力储备情况。

24．A　IT 部门的有限资源需要做到急业务之所急，IT 部门处理风险的优先级要基于风险对商业的影响来判定。商业影响度高，风险级别越高。

25．A　IT 的资源交付是基于价值收益的，当有创造增加价值的机会时，可以追加 IT 的成本投入。

26．B　把供应商纳入组织交付价值的价值流中，使供应商成为组织的战略合作伙伴。

27．C　建立多个相关方彼此的全渠道沟通是非常必要的。

28．C　PESTLE 分析是用于组织评估外部风险的标准风险提示清单。

29．A　ITIL 4 有供应商管理实践，同样强调供应商选择标准，遵循既定供应商选择的制度流程，确定选择服务提供商的重要标准，并使用"多标准角色分析或决策矩阵"等工具。

30．B　彼此信任是建立战略合作伙伴的前提。

31．B　ITIL 4 强调良好的合作对建立伙伴关系至关重要。

32．B　服务提供商通过服务财务管理实践来计算所需交付服务的全生命周期的成本，并制定成本分析模型。

33．D　ITIL 4 的容量管理实践提倡通过差异化收费标准来更大可能满足客户的需要。

34．B　服务将显示用户上传的项目列表为功用需求，即功能性需求。

35．A　上传支持的照片格式数为功用相关的内容，并纳入 SLA 的度量范畴。

36．A　如果面向的是那些使用互联网经验有限和不太可能使用社交媒体的用户，最好的方式是以人性化的方法提供简单的在线支持和实时的电话辅助服务。

37．C　确保用户接受需要认证的服务培训，以及必要时执行安全检查以证明用户身份都是用户使用服务时，IT 服务提供商所需采取的可行性做法。

38．A　鼓励用户提交反馈的最佳方法是使反馈处理对每个人都可见。

39．A　处理用户的具体故障为关键时刻的场景之一。

40．B　在所有团队中培养人际交往技能和移情能力是建立合作伙伴关系的前提条件。

6.2　第二套全真模拟试题答案解析

1．C　这个大组织关注的是知识和技能,而不是新员工所经历的组织变革。A 选项:客户导向(Customer Orientation)被定义为一种销售和客户关系的方法,在这种方法中,员工专注于帮助客户满足其长期需求。B 选项:尽管员工满意度度量是理解"组织满足员工需求和期望的程度"的一种方式,但本例中的员工已经给出了反馈,现在需要采取行动。D 选项:集成和数据共享的重点是在服务设计中整合多个系统。

2．C　从商业角度来看协作是一种实践,其中每个个体共同努力以实现一个共同的、共享的目标/目的。协作是指所有个体关心他们如何共同实现目标,以造福于客户(和组织)。D 选项:所有个人和团体的目标和关键绩效指标都需要共享和整合,而不仅仅是与其保持一致,这样合作才能变成协作。清楚地了解所有个人和团体是如何取得成功的,以及他们为成功做出贡献的价值,是有效合作的必要条件。

3．B　有了数字产品和客户体验,不仅需要创新的数字投资来创造或保持竞争优势,还必须快速实现。由此产生的数字产品和客户渠道不仅必须具有运营弹性,用户还必须充分利用它们以实现预期的投资回报。A 选项:数字技术使企业能够做显著不同的生意。C 选项:这是对 IT 转型的描述。IT 转型是指如何开发、运行和支持信息系统和 IT 服务。D 选项:这是对 IT 转型的描述。当需要组织变革以改进数字解决方案的提供方式时,通常称为IT 转型。可以认为 IT 转型是组织进行数字化转型的前提条件。

4．A　安全文化包括创造一种氛围,让人们在这种氛围中,即使在压力很大的情况下,比如在发生故障的情况下,也能自如地表现自己。对失败要实事求是,承认失败会发生,不应该责怪人,而应该考虑的是体制的不完善。B 选项:关系管理涉及组织如何建立和维护与利益相关者的关系,定期评估与各利益相关者的现有关系。C 选项:服务主导是指服务提供者让客户参与服务交付过程,共同创造价值。价值创造是一个协作过程。在服务主导逻辑中,价值总是共同创造的。D 选项:肯尼芬模型(Cynefin)是一个决策和感知框架,该框架提供了一种评估复杂性和确定适当行动方案的实用方法。

5. A 组织面临的挑战是培养一套有效的共同信念。在高速 IT 环境中,员工感到能够分享自己的观点并尝试改进,而不必担心判断或尴尬,这一点至关重要。这就是安全文化。B 选项:混沌工程测试 IT 基础设施和平台的弹性,这不会检测到金融交易算法中的错误。C 选项:在高速 IT 环境中,不可能消除所有错误。这些系统总是包含多个缺陷,因此存在潜在问题。系统及其环境的不断变化意味着缺陷也在不断变化。D 选项:该组织投资于人工智能以共同创造价值,IT 员工需要支持此功能。在数字组织中,IT 推动并支持业务,所以金融交易算法不能因错误而人为地减少。

6. C 监控多个渠道是使用社交媒体与用户互动的一个挑战。使用集成工具是一个合适的解决方案。A 选项和 B 选项不是使用社交媒体寻求支持的直接挑战。D 选项:处理个人信息的限制是一个挑战。然而解决方案是不正确的,使用聊天机器人来改善支持并不能解决问题。

7. A 敏捷方法使用的技术专注于提高速度和敏捷性,避免不必要的浪费或官僚主义。B 选项和 C 选项:这是瀑布式开发方法,而不是敏捷方法。使用项目管理模型(如 PRINCE2)交付可预测和所负责的项目,贯穿商业论证到设计、构建和测试的各个阶段。D 选项:使用敏捷方法,如果最后期限和可交付成果不明确,就很难提前获得资金。这是敏捷方法的一个缺点,而不是优点。

8. D 组织和人员维度包括角色和责任、正式的组织结构、文化以及所需的人员配置和能力,所有这些都与服务的创建、交付和改进有关。故角色和责任不是信息和技术维度的内容。

9. A 在客户表现出兴趣之后,建立信任和关系作为进一步价值共创的基础变得至关重要。B、C 和 D 选项都发生在 A 选项之后。

10. C 这些目标与特定的价值链活动密切相关,但适用于整个价值链的只有确保合规性这一个目标。

11. A 指导原则被定义为一项建议,可以在任何情况下指导组织,并将指导组织采用服务管理。它们不是规定性的或强制性的。各组织将使用与其相关的原则,而不是强制使用特定的某一条。

12. B　重点是建立正式的反馈渠道，员工可以放心地表达他们的担忧和建议。这将打开渠道，听取员工的担忧。然而，重要的是管理层应从容应对所有反馈，以鼓励持续的反馈和参与。

13. B　如果没有正确理解风险，团队可能会被引导去做注定要失败的事情，故需要加强项目落地的风险管理。D 选项：级联是将目标从组织的一个级别转换到下一个级别的过程，以确保组织的战略与服务管理团队中的个人活动和目标保持一致。但这无助于团队彻底解决当下问题。

14. A　有价值的投资目标包括识别和证明数字投资。这一阶段是关于研究和开发，新的数字产品和服务将根据盈利能力进行设想和评估。D 选项：强调有保证的合规性，包括确保服务提供和服务消费符合有关治理、风险和合规性的公司和监管指令。这个描述与产品或服务的价值投资没有直接关联。

15. C　客户旅程代表了客户从他们的角度对组织拥有的完整的端到端体验。D 选项：客户旅程包括接触点和交互，以及客户的相关体验。即使整体体验不佳，单个接触点也可能表现良好。客户一般通过端到端体验而不是接触点体验服务提供商的服务质量。

16. A　同行的支持、知识文章的分享、讨论和改进计划有助于减少用户对服务提供商支持的需求，这是用户社区最直接的好处。社区可以成为用户和服务提供商之间交流与合作的有力手段。

17. B　根据问题所给的四个选项，服务审查会议的反馈和电话调查的反馈是了解客户对服务感知的好方法。服务提供商应考虑通过服务审查会议和电话感知客户的想法。

18. C　价值流是一个组织为创造和向客户提供产品和服务而采取的一系列步骤。在本例中价值流的重点是减少价值泄露或遗漏。

19. B　良好的沟通关系到与他人建立积极的关系。在许多情况下，这需要认识到与我们互动的人的智力和情感需求。建立积极的沟通关系和信任，有助于减少延误、压力和问题。

20. D　想要应用高效 IT 技术的组织可能会认为文化变革和 IT 革新太难或不太可能产生可接受的投资回报。

21. C　协作关系的共享活动包括与协议和承诺相比的成就的联合服务审查。B 选项：对结果、成本和风险的持续跟踪和分析适用于伙伴关系，但不适用于协作关系。伙伴关系的共享活动包括持续跟踪和分析结果、成本和风险并寻求优化。与客户的伙伴关系相对于协作关系来讲更加紧密。

22. C　组织变革管理应在规划开始后立即开始，并在整个服务价值链中全面实施。

23. B　衡量一切可以作为标准来衡量的东西是不切实际的。这项工作的价值仅限于数据的使用方式。管理团队应避免这样做，并使用"关注价值"，以确定做出更好决策所需的数据。

24. B　有多个潜在的改进目标。从生产产品的过程开始，改进适用于过程和产品，即要考虑过程指标，也要考虑产品的结果指标。

25. C　关注价值的第一步是了解服务对象。因此在每种情况下，服务提供商必须确定服务消费者是谁。

26. C　决策权应与风险和商业目标保持一致。风险管理应持续应用于在做出关键决策时所提供的信息。作为一个组织的最高层，它并不适用于每个组织的所有决策都以同样的方式制作。如果所有重要决策都需要最高层领导做出，领导力丧失的情况很快就会出现。

27. C　面对面沟通是建立关系和解决问题的最佳方式。B 选项：打私人电话不是一个坏方法，但考虑到运营经理的挫败感和担忧程度，最好是进行面对面的会谈，以建立关系并解决冲突。

28. C　价值流映射有助于构建一幅端到端的服务使用和体验图，理想情况下涉及所有利益相关者。

29. D　这是"由内而外（Inside Out）"工作方法的一个例子，此场景组织使用面向供应商的方法来确定与客户相关的目标。组织基于自己的技术能力和职能结构来判断客户需求的解决时限。正确的做法应该是从客户旅程和业务开始，以反映业务交付的实际需求。其他的三个选项都是"由外向内（Outside In）"的工作方法。

30. C　此为"繁杂-不清楚和不可知的因果关系"的情况，需要安全失败实验，通过试验来发现并解决未表达或模棱两可的用户需求。A 选项：这种方法更适合"很明显-明确因果关系"的情况，高度可预测的，可以采取规定性流程和瀑布式开发模式。B 选项：此为"复杂-不清楚但已知的因果关系"的情况,当有足够的信息可供选择时,可以通过分析或专业知识,辅以良好实践。D选项:这种方法更适合于"混乱——一种更极端的复杂形式",或极为紧迫和重要的问题,需要立即采取行动来掌握控制权,稳定局势,并将其转变为繁杂领域。

31. A　设计思维的步骤中包括用原型来检验假设。

32. B　引入外部竞争机制,更有效地利用和优化当下的服务。

33. D　服务价值体系的组成部分包括"指导原则""治理""服务价值链""实践""持续改进"。

34. A　董事会通常负责其组织的治理。B选项:股东在治理中的作用是任命董事。C选项:审计委员会的作用是通过审查保证的全面性和可靠性来支持董事会和会计专员。D选项:会计专员的职责是管理财务报表和组织的登记簿。

35. D　在数字化的世界中,组织需要不断地决定哪些事件是最紧迫的。随着时间的推移,中等优先级的事件会在没有高优先级事件的情况下得到处理。如果没有未解决的中等优先级事件,低优先级的事件可能会得到解决。然而,这个机会可能永远不会到来,导致最低优先级的事件可能永远不会得到处理,除非必要的事件升级并定期审查事件的优先级。

36. C　服务目录实践和服务级别管理实践存在本质的关联关系。服务目录实践是服务级别管理实践的前提。

37. B　培养与个人用户的关系所面临的挑战包括需要简单快速的系统上线后的培训。C选项:监控反馈通常在共同创建和实现步骤中使用,而不是在上线阶段中使用。D选项:需求是在提供阶段确定的,而不是在上线阶段确定的。

38. D　首先要明确组织的安全内控目标,并与组织的整体目标保持一致,故D选项为首先要考虑的内容。

39. B　服务价值链的计划活动的目的是确保对整个组织的所有四个维度以及所有产品和服务的愿景、现状和改进方向有共同的理解。A选项服务价值链的获取/构建活动的目的是确保服务组件在需要时随时可用,并符合商定的规范。C选项服务价值链的交付和支持活动的目的是确保根据商定的规范和利益相关者的期望交付和支持服务。D选项需求/机会不属于价值链活动。

40. B　服务主导逻辑涉及共同创造价值,并指出价值总是共同创造的。当服务主导逻辑应用于服务交付时,提供商更关注客户的具体情况,并且让客户参与服务提供过程。

6.3 第三套全真模拟试题答案解析

1. C 标准的事件流程通常不包括如何诊断、调查和解决事件的详细程序和步骤,因为这个属于操作手册(SOP)范畴。

2. C 从商业角度来看,协作是一种个人共同努力实现共同目标的实践。

3. B 有了数字产品和客户体验,不仅需要创新的数字投资来创造或保持竞争优势,还必须快速实现。由此产生的数字产品、服务和客户渠道,可以帮助实现预期的投资回报。

4. A 安全文化包括创造一种氛围,让人们在这种氛围中,即使在压力很大的情况下,比如在发生故障的情况下,也能自如地表达自己的见解和观点。

5. A 组织面临的挑战是培养一套有效的共同信念。一个良好的组织环境,人们感到能够充分分享自己的观点并尝试改进,而不必担心错误判断或不必要的尴尬。

6. A 提供在线和服务台支持的组合最适合题干中描述的目标市场。

7. A 敏捷方法鼓励提供快速反馈和在短时间内小增量变更的机会。因此,它将提供加快上市速度和根据业务目标进行更改的优势。

8. D 服务的组织和人员维度包括角色和责任、正式的组织结构、文化以及所需的人员配置和能力,所有这些都与服务的创建、交付和改进有关。这不是信息和技术层面的一个重点。

9. C 以用户为中心的设计,即设计思维(Design Thinking)能够确保产品和服务在与技术和业务需求之间取得平衡。

10. B 发展深度信任感是发展战略伙伴关系的一个特征。

11. A 指导原则被定义为一项建议,可以在任何情况下指导组织,并将指导组织采用适合的服务管理。它们不是规定性的或强制性的。

12. B 建立正式的反馈渠道,员工可以放心地表达他们的担忧和建议。这将打开渠道,听取员工的担忧。然而,重要的是管理层应对所有反馈,以鼓励持续的反馈和参与。

13. B 如果没有正确理解风险,团队可能会被指示执行肯定会失败的项目。如果团队成员注意到风险,但没有看到预防措施的证据,他们可能会对项目失去信心,增加失败的可能性。

14. A　有价值的投资目标包括识别和证明数字投资。新的数字产品和服务将根据盈利能力进行设想和评估。在证明和批准投资后,继续评估投资也很重要。无论是在开发阶段还是在使用阶段,都可能有更多有价值的投资选择。

15. C　客户旅程代表对服务消费者和服务提供者之间的接触点和互动的总体感知。每个客户旅程都涉及服务提供者、服务消费者和其他利益相关者之间的几个接触点和服务互动。

16. A　同行支持、知识文章、讨论和改进计划有助于减少用户对服务提供商支持的需求。

17. B　服务评审会议的反馈是了解客户对服务感知的一种好方法。电话调查的反馈是了解客户对服务感知的好方法。

18. C　价值流是一个组织为创造并向消费者提供产品和服务而采取的一系列步骤。在本例中,价值流的重点是减少资金损失。

19. B　良好的人际沟通是指高效、响应、专业和有效。通过建立积极的人际关系,避免不必要的问题和压力,可以增强有效的人际沟通。

20. D　组织可能会选择不追求速度的提高,因为所涉及的文化变革被认为太难,或者不太可能产生可接受的投资回报。

21. C　合作关系的共享活动包括对服务的价值成就进行联合服务审查。

22. C　组织变革管理应该在规划一开始就开始,贯穿于指导、规划和改进的工作中。

23. B　衡量一切是不切实际的。衡量应该局限于那些能够积极用于做出明智决策的方面。管理团队应避免这样做,并使用"注重价值"的指导原则来确定做出更好决策所需的数据。

24. C　这些目标与特定的价值链活动密切相关,但适用于整个价值链的只有确保合规性这一个目标。

25. C　关注价值的第一步是了解服务对象。因此在每种情况下,服务提供商必须确定服务消费者是谁。

26. C　决策权应与风险和业务目标保持一致。"风险管理"实践应持续应用,决策时应传阅有关风险的信息。关于风险的决策将根据风险是否与长期、中期或短期组织目标有关而有所不同,治理决策是在组织的最高级别做出的,但大多数决策应该由组织中的其他团队或领域做出。只要持续产生所需的结果，就应该尽可能多地授权。

27．C　面对面交流是建立关系和解决问题的最佳方式。一对一的互动是进行良好互动和建立关系的最佳方式。解决问题时应始终考虑到这一点。

28．C　尽早地引入利益相关者参与软件开发的全过程，会降低项目或服务交付的风险，提升利益相关者的满意度。

29．D　这不是"由外而内（Outside In）"方法的例子，因为组织正在使用面向供应商的方法来确定与客户相关的目标，事实是应该从业务目标开始，再明确供应商应该确保的响应时间和修复时间等相关指标。

30．C　原型开发和独立实验可以发现和解决模棱两可的用户需求。

31．A　"设计思维"的一个典型行为模式是基于观察和反思创建一个假设，并用原型进行测试。

32．B　针对组织内部的客户财务收费服务的一个直接好处是提高现有服务资源的有效利用，降低一些不必要或不合理的客户需求。

33．D　服务价值体系的组成部分包括"指导原则""治理""服务价值链""实践""持续改进"。

34．A　董事会对其组织的治理负责。

35．D　内包是指利用组织的现有资源来创建、交付和支持服务组件。

36．C　协作的定义是共同努力实现一个共同的组织目标。

37．D　持续改进已经作为ITIL 4的原则之一，成为一种高大上文化的一部分。

38．B　ITIL 4非常强调敏捷价值观所提倡的服务型领导和领导力，领导力中一个方面的特质就是采用必要的激励手段来激发员工的创新能力。

39．C　价值流可以是从新产品需求到最终产品交付的活动流，也可以是从旧有产品的故障申报到故障彻底解决的活动流。ITIL 4是通过精益价值流图分析的方法来不断优化这种价值流。

40．A　ITIL 4秉承服务V模型宗旨，以及测试左移的思想。

第 7 章 ITIL 4 初级认证考试关键字大全

考生可以通过充分理解并熟记如下关键字,并在 ITIL 4 初级认证考试中根据题干中关联的关键字,选择相应的内容,从而快速作答,一击即中。

题干的关键字	选项建议选择的内容
包括指导原则(Principle)、治理(Governance)、服务价值链(SVC)、实践(Practice)和持续服务改进(CSI);描述了如何利用组件和活动创造价值的框架	服务价值系统(SVS)
采用服务管理方法时对组织有帮助的建议;放之四海而皆准的内容	指导原则
保密性、完整性和可用性(CIA)	信息安全管理
变更授权的具体表现形式	每一类变更和变更模型均要分配变更授权;标准变更是预授权的,正常变更/一般变更是通过变更顾问委员会(CAB)开会授权的
部署管理实践的目的	将新的或变更的组件移至生产环境
帮助诊断和解决事件(Incident)	使用脚本(Apply Script)
充分了解服务消费者自身对服务的需求	协助服务提供方降低风险
从确定到最终行动期间跟踪和管理改进想法	持续改进登记单(CIR)
对可能导致潜在故障或事件的条件做出响应	监控和事态管理

续表

题干的关键字	选项建议选择的内容
计划变更、协助沟通和避免冲突以帮助管理正常变更/一般变更;辅助事件管理和问题管理,提供有关部署变更的信息以帮助管理事件和问题	变更日程/变更日历(Change Schedule)
保护组织开展业务所需要的信息;保护核心资产CIA 三要素不被破坏(C 是机密性;I 是完整性;A 是可用性)	安全管理
持续改进模型的实施改进计划	采取行动(Take Action)
持续改进实践的典型活动	识别和记录机会
持续改进登记册(CIR)	记录、评估改进想法并进行优先级排序
对整体思考和工作指导原则的建议	使用服务管理的四个维度来确保协调改进计划的所有方面;了解复杂系统适用的方法,并综合考量
对 IT 支持团队的称赞	服务请求
对 IT 服务管理具有重大影响的状态改变的通知;IT 服务、配置项或监视工具创建的通知	事态(Event)
服务价值链(SVC)的输入	客户需求(Requirement)/市场机会(Opportunity)
服务价值链(SVC)的输出	价值(Value)/价值实现;可促成结果的实现
服务价值链(SVC)活动的改进目的	持续改进所有产品和服务
服务所需绩效结果的详细信息	服务级别协议
服务级别协议的关键需求应符合	简单编写且易于理解
服务提供方与其所有用户之间的单一联系点	服务台
服务台代理向用户提供支持	服务提供/交付物(Service Offering)
分配复杂事件(Incident)至支持团队	事件(Incident)类别
非功能性需求,对产品或服务满足约定要求的保证;用于描述服务是否满足可用性、容量和安全需求	功效(Warranty)

续表

题干的关键字	选项建议选择的内容
功能性需求，服务为满足特定需求而提供的功能	功用(Utility)
共创价值(Co-Value)的主体角色	服务提供方和服务消费者
管理计划外中断或服务质量下降，在需要时提供高质量的更新	事件(Incident)管理
管理能够给IT服务的交付提供支持且具有财务价值的组件	IT资产管理
供应商通知组织，关于其所用的软件产品存在的缺陷	问题管理
观察服务以报告选定的事态(Event)状态的变更	监视和事态(Event)管理
改进的每一步关联哪个原则	专注于价值的原则
关联临时解决方案(Workaround)	问题管理和事件(Incident)管理
涵盖对已经过分析但尚未解决的漏洞进行管理；归类为一个或多个事件(Incident)的实际或潜在原因；一般在记录问题单后，就可以记录临时解决方案(Workaround)	问题管理
定义服务的具体需求并对服务消费结果负责，比如建账号、修改密码和删除账号的服务申请	服务请求/标准变更
建立和培养组织与其利益相关者之间的关系；战略层面的关系	关系管理
具备服务意识、同理心和情商等软技能，以及事件(Incident)分析能力	服务台
尽可能减少实现目标的步骤	保持简单实用
结果(Outcome)	价值(Value)
了解服务消费者如何使用服务	专注于价值的指导原则

续表

题干的关键字	选项建议选择的内容
计划外维护,接下来的两小时内将无法使用服务	事件(Incident)管理
基于当前情况开始指导原则的反例	构建一些全新的东西;在评估现有流程的有用性之前将其弃用
考虑管理服务在符合协定规范方面的重要性;确保正在进行的服务活动满足用户预期	活动的交付和支持
考量参与服务设计和服务交付的其他组织所需要的关系类型	合作伙伴和供应商
哪项可以促成客户想要的结果	服务(Service)
哪项有助于组织做出正确决策	指导原则
哪项活动是持续改进实践的一部分	记录并管理可进行改进的事件
哪个维度关注知识资产的保护方式,以及考虑数据安全和隐私,侧重于依照行业法规管理数据	信息和技术
哪个维度关注技能、能力、角色和职责	组织和人员
哪项实践最有可能使用人工智能、机器人流程,以及聊天机器人	服务台
哪种角色最适合在IT和业务领域具有丰富工作经验的人	服务级别经理
哪种角色具有管理与各种利益相关者(包括供应商和业务经理)关系的经验	服务级别经理
哪个维度包括活动和工作流	价值流和流程;每个价值流都必须针对特定场景而设计
哪个指导原则侧重于减少成本和人为错误	优化和自动化
哪项实践通过管理资源以应对服务质量意外下降来最大程度降低对正常服务运营的影响	事件管理

续表

题干的关键字	选项建议选择的内容
哪项实践处理所有预定义的用户发起的服务行动;哪项实践可为用户提供所需使用的应用,并决定哪些请求需要被事先批准	服务请求管理
哪个实践关联终端用户联系服务台,询问如何创建报告	服务请求管理
哪两项实践与服务台实践的交互最频繁	事件管理和服务请求管理
哪项实践有助于确保交付给客户的服务符合其需求	服务级别管理
哪项实践的目的包括创建更加亲密、更具协作性的关系	供应商管理
哪项对有效事件管理最重要	协作工具和技术
哪个角色负责审批服务成本,并授权服务消费者预算的角色	赞助方/投资方(Sponsor)
哪一项可作为组织的运营模型	服务价值链
哪一项是利用反馈迭代式进展的指导原则	将改进计划分解成许多可管理的部分
哪项是服务提供方需要与之协作的最重要利益相关者群体	供应商
哪项通常与配合服务消费者需求的服务级别相关	功效(Warranty)
哪项指导原则建议去除不必要的	保持简单和实用
哪种变更来解决事件或实施安全补丁,变更的授权可以推迟到实施之后	紧急变更(Urgency Change)
哪项包括配置组件和活动以促成利益相关者想要的结果	发布管理
哪项关于结果的表述是正确的	结果取决于至少一个交付结果的输出

续表

题干的关键字	选项建议选择的内容
哪个服务价值链活动涉及购买新产品	获取(Obtain)/构建(Build)
哪种类型的资源最适合调查复杂事件	知识储备丰富的支持人员
哪一问题管理阶段包括识别问题解决方案或临时解决方案,将临时解决方案的步骤记录在案	问题控制
哪一问题管理阶段包括定期评估临时解决方案的有效性	错误控制
哪些信息便于了解组织的现状	评估结果
趋势分析显示大量类似事件(Incident)或重大安全事件或需要开发层面解决的事件	升级成问题单,纳入问题管理流程
确保组织的供应商及其绩效得到妥善管理	供应商管理
确保产品和服务一直满足利益相关者的期望	价值链活动的设计与转换
确保对可能影响服务的任何增加、修改或删除内容的操作进行评估和授权	变更实施
确保属于服务交付的服务行动得到有效处理	服务请求管理
确保有关服务配置及支持配置项的准确且可靠的信息,以便在需要的时候和地方可用	服务配置管理
确保服务提供方和服务消费者持续共创价值;培养与利益相关者在战略与战术层面上的关系	服务关系管理
确保组织实践和服务与不断变化的业务需求保持一致;确保在所有价值链活动中对实践进行持续改进;使用了精益(Lean)、敏捷和DevOps的方法	持续改进
七项指导原则的选取原则	评审各项指导原则以确定其与特定决策的相关程度,再进行合理选取,非强制必须选取

续表

题干的关键字	选项建议选择的内容
如果一项实践更容易遵循,它就更有可能被采用	保持简单实用的原则
使用 SWOT 分析的目的	理解当前状态
使用服务的角色	服务消费者(Service Consumer)
实现价值共创的方式	服务
实施自动化之前	流程优化/改进
SWOT 分析、平衡记分卡和成熟度评估有利于	持续改进(持续改进可以由一个团队在组织内部首先进行,再推而广之)
申请投诉或查询事件单的处理情况;工作流(Workflow)已熟知且已证实;服务履行应尽量实现自动化	服务请求
事件(Incident)管理通常会使用单独流程的情况	信息安全事件
使用规定性的输入和输出	价值流(Value Stream)/流程(Process)
使用预定义的标准化程序来明确传达履行时间	服务请求管理
事件管理(Incident management)实践的目的	尽快恢复正常服务运营来最大限度降低事件(Incident)负面影响
推荐在改进服务时使用现有服务、流程和工具	基于当前情况开始的原则
提供新的或变更的服务以供使用	发布管理
提供透明度和良好关系	价值链活动的参与/联络(Engage)
通过降低服务中断的负面影响来改进客户和用户的满意度;通过使用工具来关联可能的征兆(也称事态(Event))与对应事件(Incident)的匹配关系	事件管理
通过服务台进行事件单确认、分类和指定事件受理人(所有者 Owner)	事件管理

续表

题干的关键字	选项建议选择的内容
通过确定事件的实际和潜在原因以及管理临时方案和已知错误来减少事件发生概率和影响,并根据风险对问题进行优先级排序	问题管理
通过给活动设置时间盒和从之前的活动输出中学习,更快地响应客户需求	利用反馈迭代式进展
我们现在处于怎样的阶段	执行基线(Baseline)评估(Evaluation)
问题和已知错误的信息帮助事件(Incident)管理	启动快速有效的事件(Incident)诊断
问题管理实践的三个阶段	问题识别、问题控制(关联临时解决方案 Workaround)和错误控制(关联变更请求单 Change Record)
为响应服务请求而安装软件;预授权的变更	标准变更
为交付IT服务而需要进行管理的任何组件	配置项(CI, Configuration Item)
为服务消费者消减成本和风险	价值主张(Value Proposition)
为什么服务级别经理要定期进行服务评审	为了确保持续改进服务,使其满足服务消费者不断变化的需求
先设计控制和指标,然后再移除无法增值的元素	保持简单实用的指导原则
新服务请求的工作流应如何设计	尽可能使用现有工作流(Workflow)
重点关注消费者的原则	专注于价值
应该在变更或部署前评估和授权	正常变更/一般变更(Normal Change)
与技术支持和开发团队密切协作,管理来自用户的事件(Incident/Issue)、咨询(Inquiry)和服务请求(Service Request);可协调服务请求和事件(Incident)的类别、所有权和沟通;对于服务提供方的用户体验和感知有重大影响	服务台

续表

题干的关键字	选项建议选择的内容
与集成商一起进行关系管理	合作伙伴与供应商的
已经分析但尚未解决的问题	已知错误(Known Error)
组织要求利益相关者审核所计划的变更,此规定所关联的原则	协作并促进可见性
整合组织间关系的正式程序关联哪个维度	合作伙伴和供应商
战术层面的关系,用于确定客户的服务需求;就服务级别设定明确的基于业务的目标;使用各方都理解的语言和术语编写;定期进行服务评审,以确保服务继续满足组织需求	服务级别管理
在"持续改进"模型中,"我们是否达到了目的"关联	评估度量(测量)指标
自助工具解决的服务中断	事件
在大小和复杂性方面存在差异,并利用职能实现其目标	组织

第 8 章 ITIL 中英文术语表

名词	解析
Availability（可用性）	服务可以访问的时间占整个给客户承诺的服务时间的百分比
Availability Management Practice（可用性管理实践）	确保服务以协定的可用性级别交付以满足客户及用户需求的实践
Acceptance Criteria（验收准则/验收标准）	一系列最低需求，服务或服务组件必须满足这些需求才能被利益相关者所接受
Agile（敏捷）	通常通过雨伞模型图表征在雨伞框架下囊括一系列框架和敏捷开发实践，这种实践技巧能够让团队和个人以一种以协作、优先化、迭代和增量交付的方式，在规定的时间盒子（时间周期窗口）完成特定工作。有若干种具体的方法（或框架）归类为敏捷，如 Scrum、精益（Lean）和看板（Kanban）
Architecture Management Practice（架构管理实践）	实践有助于理解组成组织的所有不同元素以及这些元素之间的彼此关系
Asset Register（资产登记单/资产登记册）	用于采集所有权和财务价值等关键属性的资产数据库或清单
Baseline（基线）	一种可充当项目进度或服务变更评估起点的报告或指标
Business Impact Analysis（业务影响分析，BIA）	服务连续性管理实践中的一个关键活动，用于识别重要的业务功能及它们的依赖关系 重点收集、分析及汇集信息系统一旦遭遇灾难对各项关键性业务的影响程度，估算可容忍的中断时间，依据其优先级提出恢复策略建议 利用业务影响分析来审视企业的业务功能，并确定重要关键的业务、其对恢复时间与数据恢复点的要求以及恢复所需的资源。这些信息有助于管理者在业务优先等级和灾害损失大小的考量下，制定出一个适当的持续策略

续表

名词	解析
Back-Out Plan(回滚/补救计划)	变更失败后的服务回滚或补救计划,也称 Rollback Plan,一般在提交变更申请时同时提交
Business Analysis Practice(商业分析实践)	一种分析业务或业务所包括的某些组件元素的实践,这种实践通过定义其需求并建议解决方案来满足这些需求和/或解决业务问题,并且为利益相关者创造价值
Business Case(商业论证)	通过提供有关成本、收益、可选方案、风险和当前存在的问题的信息来证明组织资源的投资方向和消耗的合理性
Balanced Scorecard(平衡计分卡)	Robert Kaplan(哈佛商学院)和 David Norton 博士开发的管理工具。平衡计分卡能够将战略细分为关键绩效指标(KPI)来证明战略完成的情况,具体的 KPI 包括从财务、客户、内部流程、学习与成长四个维度去度量
Best Practice(最佳实践)	一种被多个组织证实为行之有效的工作方法
Big Data(大数据)	使用来自不同来源的大量结构化和非结构化数据来获得全新的见解
Business Relationship Manager(业务关系经理,BRM)	负责与一个或多个客户保持良好关系的角色
Blameless Culture(不指责文化)	建立对后果性事件和之前运营的异常情况的非判断性描述和分析的文化
Control(控制)	一种管理风险,确保实现业务目标或遵守流程的方法
Critical Success Factor(关键成功因素,CSF)	达成预期成果所需的先决条件
Culture(文化)	一群人共享的一组价值观,包括对人员的行为、想法、信仰和实践的期望
Customer(客户)	定义服务的需求,并对服务消费产生的结果承担职责
Customer Experience(客户体验)	以客户的视角,客户在使用服务和与服务提供方交互的过程中所有感受的汇总

续表

名词	解析
Call/Contact Center（呼叫/联络中心）	负责处理大量传入和传出呼叫及其他组织或业务单元的互动
Customer/Client（客户）	购买服务的人或组织
Change（变更）	去增加、修改或删除一个已经被计划和授权更改的服务部件或相关的文档。另一种说法，添加、修改或删除可能对服务产生直接或间接影响的任何内容
Change Authority（变更授权）	负责授权变更的人员或部门
Change Advisory Board（变更顾问委员会，CAB）	一个由高级管理层、变更经理、配置经理、维护人员、专家、安全人员等组成的跨职能虚拟的变更评审组织，主要负责评价针对业务或IT需求的变更请求、优先级别、成本/效益指标以及对其他系统或过程的潜在影响。通常针对变更请求提出付诸实施、深入分析、暂缓实施或彻底否决等建议
Change/Release Window（变更/发布窗口）	约定的允许执行变更或发布的时间段，该窗口的定义通常记录在服务级别协议中
Change Enablement Practice（变更实施实践）	确保正确评估风险、授权要进行的变更和管理变更日程的实践，这种实践可以最大限度地增加成功进行服务和产品变更的次数
Change Model（变更模型）	一种用于管理特定类型变更的可重复方法
Change Schedule（变更日程）	显示已规划变更和历史变更的一种日历
Configuration Item (CI)（配置项）	为提供IT服务而需要进行管理的任何组件，或所有交付服务所需要的可确定的独特实体，如硬件、软件、网络设备、文档等
Configuration Management Database（配置管理数据库，CMDB）	在配置管理流程中用于记录所有IT相关配置项信息及其相互关系而建立的数据库

续表

名词	解析
Configuration Management System(配置管理系统,CMS)	一套工具和数据库,用于管理 IT 服务提供商的配置数据
Configuration Record(配置记录)	含有配置项(CI)详细信息的记录。每个配置记录中记录一个配置项的生命周期。配置记录存储在配置管理数据库中
Capability(能力)	组织、个人、流程、应用或 IT 服务执行某一活动的才能
Capacity and Performance Management Practice(容量和性能管理实践)	确保服务达到协定和预期的性能级别的实践,这种实践能以经济有效的方式满足当前和未来的需求
Capacity Planning(容量规划)	创建用于管理满足服务需求所需资源的计划的活动
Charging(收费)	指定服务价格的活动
Cloud Computing(云计算)	实现对可配置计算资源共享池,按需以网络访问的形式交付服务的一种模型,能够在少量管理投入下以交互方式快速提供资源
Compliance(合规)	确保遵守标准或指南的行为,或采用正确一致的核算或实践
Confidentiality(机密性)	确保不向未经授权的实体提供或披露信息的一种安全目标
Continual Improvement Practice(持续改进实践)	通过持续识别和改进产品与服务有效管理过程中涉及的所有元素,使组织的实践和服务与不断变化的业务需求保持一致的实践
Continuous Integration(持续集成)	用于合并开发人员代码、构建和测试生成的软件并进行打包以准备部署的一整套实践和工具
Continuous Deployment(持续部署)	用于将软件变更部署到生产环境中的一整套实践和工具。这些软件变更已通过预定义的自动化测试
Deployment(部署)	将新的或变更的硬件、软件、文档、流程或其他服务组件移至任何环境中,尤其是生产环境

第 8 章　ITIL 中英文术语表

续表

名词	解析
Deployment Management Practice（部署管理实践）	将新的或变更的硬件、软件、文档、流程或其他服务组件移动到生产环境中的实践
DevOps（开发运维一体化）	一种旨在改进向客户提供价值的流程的组织文化。DevOps 注重文化、自动化、精益（Lean）、度量和分享
Definitive Media Library（最终介质库，DML）	一个安全的库，用于存储和保护所有最终授权的介质配置项（CI）版本的地方，是用于构建和发布的唯一一出处
Disaster（灾难）	一种突发的计划外事态，可给组织造成巨大损害或重大损失。灾难会导致组织在某些预定最短时间段内无法履行重要的业务职能
Disaster Recovery Plan（灾难恢复计划，DRP）	一套可用于灾难恢复的信息技术（IT）计划，包括灾难恢复管理团队、灾难切换流程以及大量可用于灾难切换的信息和资料，是灾难事件发生时用于指导灾难恢复的最重要的文件 另一种定义：一系列定义清晰的计划，涉及组织如何从灾难中复原并恢复到灾难前状态，这些计划应考虑服务管理的四个维度
Digital Product（数字化产品）	当产品、资源或相关服务交互中存在数字技术时，产品即为数字产品
Digital Organization（数字化组织）	传统业务模型的一种演进，应用现代化技术为客户实现与竞争对手走不通的路或走同样的路应用不同方法的能力
Driver（驱动力）	影响战略、目标或需求的事物
Dashboard（仪表盘）	数据的实时图形化呈现
Deliver and Support（交付与支持）	服务价值链的典型活动，确保按照协定规范和利益相关者预期来交付和支持服务
Design and Transition（设计与转换）	确保产品与服务持续满足利益相关者对质量、成本和投入市场时间的期望的价值链活动
Design Thinking（设计思维）	一种以人为中心的实践方法，供产品与服务设计师用于解决复杂的问题，并且寻找能够满足组织及其客户需求、切实可行并有创造力的解决方案

续表

名词	解析
Demand(需求)	根据来自内部和外部利益相关者的机会和需要,输入到服务价值系统(SVS)中
Event(事件/事态)	任何可被检测或者辨别配置项有意义的状态改变,可能对IT基础架构及其支持的IT服务有重大影响的通知
Emergency Change(紧急变更)	由于事件等紧急情况而必须尽快引入的变更
Emergency Change Advisory Board(紧急变更顾问委员会,ECAB)	快速应对紧急变更的评审组织,该组织的人员通常是变更顾问委员会(CAB)的子集
Effectiveness(有效性/效果)	度量实践、服务或活动是否已经达标
Efficiency(效率)	度量实践、服务或活动是否使用了正确数量的资源,即通过高效的资源利用来提升绩效
Engage(参与/联络/接洽)	有助于理解利益相关者需求和持续参与,增加彼此的透明度以及与所有利益相关者良好关系的价值链活动
Error(错误)	可能会引发事件的缺陷或漏洞
Error Control(错误控制)	用于管理已知错误的问题管理活动
Escalation(升级)	共享对当下问题或工作项的认知,并转交问题处理所有权的行为
Ethics(伦理)	定义什么对个人和社会有益的原则体系
Function(职能)	执行并完成一个或多个流程或者活动的一组人员及其所属部门,ITIL中定义了四个职能:服务台、技术管理、IT运营管理和应用管理
Failure(失效)	失去按规范运作或提供所需输出或结果的能力
Four Dimensions of Service Management(服务管理的四个维度)	以产品和服务的形式,促成为客户和其他利益相关者有效果和有效率地实现价值的四个重要方面

第8章　ITIL中英文术语表

续表

名词	解析
Feedback Loop（反馈回路）	将系统一个部分的输出用作系统同一部分输入的一种技术
Goods（商品）	从服务提供方转让给或可以转让给服务消费者的有形资源，其所有权和相关权限及职责也一同转让
Governance（治理）	领导和控制组织的方式
Identity（身份）	唯一的名称，用于标识用户、人员或角色的身份并授予系统访问权限
ITIL（IT基础架构库）	英国政府在1987年制定的有关IT服务管理的最佳实践，现已成为事实上的IT服务管理参照标准，用于IT服务管理的最佳实践指导
ITIL Guiding Principles（ITIL指导原则）	能够在所有情形中为组织提供指导的建议，不论组织目标、战略、工作类型或管理结构有何变更
ITIL Service Value Chain（ITIL服务价值链）	服务提供方的一种运营模型，涵盖有效管理产品与服务所需的所有重要活动
Improve（改进）	确保持续改进产品、服务、所有价值链活动中的实践以及服务管理的四个维度的价值链活动
Incident（事件）	在IT服务中的一个非计划中断，非正常操作或者IT服务本身服务性能的降低。另一种定义：服务的意外中断或服务质量的下降
Incident Management（事件管理）	通过尽快恢复正常服务运营，最大限度降低事件负面影响的实践
Information and Technology（信息和技术）	服务管理的四个维度中的一个，包括用于交付服务的信息和知识，以及用于管理服务价值系统（SVS）所有方面的信息和技术
Information Security Management Practice（信息安全管理实践）	通过了解和管理信息的机密性、完整性和可用性的风险，保护组织的实践

续表

名词	解析
Infrastructure and Platform Management Practice（基础架构和平台管理实践）	类似于云平台实践，包括自动化监控和基于脚本或平台驱动的基础架构自动化部署和日常管理
Integrity（完整性）	确保信息仅由经过授权的人员和活动进行修改的安全目标
Internet of Things（物联网）	通过互联网实现设备互连，这些设备在传统上不被视为IT资产，但现在包含嵌入的计算能力和网络连接
IT Asset（IT资产）	任何能够给IT产品或服务的交付做出贡献并有财务价值的组件
IT Asset Management Practice（IT资产管理实践）	规划和管理所有IT资产全生命周期的实践
Intelligent Disobedience（理智的违背/不服从）	故意违反或无视规则，以避免让客户服务处于危险情况，或"做正确的事"
Kanban（看板）	用于可视化工作、识别潜在的代办事项列表和资源冲突以及管理在制品工作的一种方法
Known Error（已知错误）	已经确认根本原因的问题，或已经过分析但尚未解决的问题
Knowledge Base（知识库）	一个逻辑的数据库，其中包含所有已经发布的知识条目
Known Error Database（已知错误数据库，KEDB）	在问题管理流程中用于记录已知错误的数据库，往往是知识库的子集，也是服务管理系统的子集
Knowledge Management Practice（知识管理实践）	在组织范围内保持并改进有效、高效和便利地使用信息与知识的实践
Key Performance Indicator（关键绩效指标，KPI）	用于帮助管理流程、IT服务或活动的绩效指标，如问题解决率和平均解决时长等。另一种定义：用于评估是否成功实现目标的一项重要指标
Lean（精益）	侧重于通过消除浪费来最大化价值，从而改进工作流程的一种方法

续表

名词	解析
Lifecycle（生命周期）	贯穿服务、产品、实践的全生命过程，包括一系列阶段、阶段间相关状态转换的说明
Live / Production Environment（生产环境）	向服务消费者交付 IT 服务所使用的受控环境
Lead Time（前置时间）	完成一个过程的执行所需的时间，即输入和输出之间的时间，从触发此活动到收到最终的交付成果
Major Incident（重大事件）	事件影响的最高级别，重大事件导致业务的重大中断，需要即刻协调解决的事件
Maintainability（可维护性）	服务或其他实体可以维修或修改的难易程度。通常是事件恢复时间越短，事件所对应的系统或应用越可维护
Management System（管理体系）	相互影响或交互的元素，用于制定政策和目标并实现这些目标
Maturity（成熟度）	度量组织、实践或流程的可靠性、效率和有效性
Moment of Truth（关键时刻）	客户接触组织的任何方面，并对其服务质量产生印象的任何事件。关键时刻是设定和实现客户期望以及最终客户满意度的基础
Mean Time Between System Incidents（平均故障间隔时间，MTBSI）	两次故障发生的平均间隔时间，对应可靠性。平均故障间隔时间越长，表示系统越可靠
Mean Time Between Failures（评估系统可用时间，MTBF）	可用时间，从故障恢复后到下个故障再次发生的时间间隔。通常关联可用性百分比指标
Mean Time to Restore（平均故障恢复时间，MTTR）	服务在失效后恢复速度，对应可维护性。恢复时间越短，表示系统越可维护

续表

名词	解析
Minimum Viable Product（最小可行产品，MVP）	具有足够特性以满足早期客户需求并为将来的产品开发提供反馈的产品
Mission（使命）	对组织的总体目标和意向简短但完整的说明
Model（模型）	系统、实践、流程、服务或其他实体的一种代表，用于了解并预测其行为和关系
Modelling（建模）	用于创建、维护和利用模型的活动
Monitoring（监视）	反复观察系统、实践、流程、服务或其他实体，以检测事态，确保了解当前的状态
Monitoring and Event Management Practice（监视和事态管理实践）	系统化观察服务和服务组件，识别并记录为事态和报告配置项状态变更的实践
Operation（运营）	活动、产品、服务或其他配置项的日常运行和管理
Operational Level Agreement（运营级别协议）	IT 服务提供商内部的 IT 部门制定的关于部门级的 IT 服务标准
Obtain/Build（获取/构建）	确保服务组件在所需的时间和位置可用并且符合协定规范的价值链活动
Organization（组织）	一个人或一组人拥有自己的职能、职责、权限和关系，以实现其目标
Organizational Change Management Practice（组织变革管理实践）	通过管理变革的人员方面来确保在组织中顺利且成功地实施变革并取得长期效益的实践
Organizational Resilience（组织韧性/组织弹性）	组织预测、准备、响应和适应计划外影响的能力
Organizational Velocity（组织速率）	组织运营的速度、有效性和效率。组织速率影响投入市场时间、质量、安全、成本和风险

第8章 ITIL中英文术语表

续表

名词	解析
Organizations and People（组织和人员）	服务管理的四个维度中的一个。确保组织构建和管理的方式及其角色、职责及授权和沟通的系统得到良好定义，并支持其总体的战略和运营模型
Outcome（成果/结果）	通过一个或多个输出为利益相关者实现的最终价值
Output（输出）	在流程中某活动或步骤的有形或无形交付物
Outsourcing（外包）	让外部供应商提供过去由内部提供的产品与服务的流程
Partnership（合作伙伴关系）	两个组织之间为共同目标密切合作而形成的关系
Partners and Suppliers（合作伙伴与供应商）	服务管理的四个维度中的一个。包括组织与参与服务设计、开发、部署、交付、支持和/或持续改进的其他组织建立的关系
Problem（问题）	问题是一个或多个故障的集合，是未知的错误。另一种定义：一个或多个事件的实际或潜在原因
Problem Management Practice（问题管理实践）	通过确定事件的实际和潜在原因以及管理临时方案和已知错误来减少事件发生的可能性和影响度的实践
Pattern Business Activity（业务活动模式）	用于描述一项或多项业务活动的负载情况的需求分析文档
Post Implementation Review（执行回顾和检测）	流程执行后的有选择回顾和检查的过程，一般会发生在事件、故障、问题和变更管理流程中。比如在变更实施后进行的评审，用于评估成就并识别改进机会
Performance（性能/绩效）	对系统、人员、团队、实践或服务实现或交付的内容的度量
Pilot（试运行）	在生产环境中有限范围服务的测试实施
Plan（计划）	价值链活动，确保对所有四个维度的愿景、当前状态和改进方向以及组织内所有产品与服务具有共同的理解
Policy（制度/政策）	正式记录的管理期望和意图，用于指引决策和活动

续表

名词	解析
Portfolio Management Practice(组合管理实践)	实践确保组织具有一系列适当的项目群、项目、产品和服务,可在资金和资源约束范围内执行战略
Practice(实践)	为开展工作或完成目标而设计的一套组织资源,包括特定的流程、角色、工具和执行工作所需资源的集合
Procedure(程序)	一种记录在案的执行活动或流程的方法
Process(流程)	为完成一个指定的目标,而设计的结构化的活动集合。另一种定义:将输入转换为输出的一组相互关联或互动活动。流程定义行动的顺序及其依赖关系
Product(产品)	旨在为消费者提供有价值的资源配置项
Project Management Practice(项目管理实践)	实践确保成功交付组织的所有项目
Quick Win(快赢/快速胜利)	一种改进举措,属于组织变革八步法的一个关键步骤。以相对较少的成本和工作在短时间内带来投资回报
Release(发布)	硬件、软件、文档流程及其他组件的集合,用于实现一个或多个批准的IT服务变更。另一种定义:某一服务或其他配置项或者一系列配置项可供使用的一个版本
Release Unit(发布单元)	一些可以在一起发布的硬件和软件的集合
Release Management Practice(发布管理实践)	实践使新的和变更的服务与特性可供使用
Reliability(可靠性)	产品、服务或其他配置项在指定的期间或周期数内执行其预期功能的能力
Resolution(解决方案)	针对某一个或某一类已找到根本原因的问题,提出并执行解决问题的最终方案
Request for Change(提交变更请求,RFC)	用于详细记录IT服务或基础设施内配置项的变更请求的表格。另一种定义:对提出的变更的描述,用于发起变更行为

续表

名词	解析
Role(角色)	一个职务、职责,或给一个人和职能部门所授权限的集合
Resource(资源)	开展活动或达成目标所需的人员、材料、财务或其他实体。组织所使用的资源可以是组织所拥有的,或者根据与资源所有者达成的协议来使用
RACI(授权模型)	用来描述"角色和职责"与"流程和活动"之间的对应关系
Return on Investment(投资回报率,ROI)	对投资价值进行量化考核的指标,对投资预期收益的测量,等于平均年利润增加额除以项目投资额
Recovery Time Objective(目标恢复时间,RTO)	灾备实施的目标指标,服务中断后为恢复服务预留的最长时间。如果 RTO = 8 小时,就是需要在 8 小时内恢复服务
Recovery Point Objective(目标恢复点,RPO)	灾备实施的目标指标,服务中断后恢复服务时可能丢失多长时间的交易数据。如果 RPO = 2 小时,就是允许最大丢失 2 小时的交易数据
Root Cause Analysis(根源问题分析,RCA)	确定故障或问题根本原因的活动
Record(记录)	一种文案,陈述所取得的结果并且证明所开展的活动
Retire(停用/下线)	永久停用产品、服务或其他配置项的行为
Relationship Management Practice(关系管理实践)	在组织和其利益相关者之间建立和培养战略与战术层面上的关系
Risk(风险)	可能导致伤害或损失或者加剧目标实现难度的事态。也可以定义为结果或成果的不确定性,并可在测量积极结果和消极结果的可能性的上下文中使用
Risk Assessment(风险评估)	识别、分析和评估风险的活动
Risk Management Practice(风险管理实践)	确保组织了解并有效处理风险的实践
Service(服务)	通过满足客户的需要来给客户创造价值,并且不需要客户承担额外的成本与风险。另一种定义:一种实现价值共创的方式,客户无须承担特定成本或风险,即可促成其期望实现的成果

续表

名词	解析
Service Action(服务行动)	向用户交付服务输出而需要的任何行动。服务行动可以由服务提供方资源或服务用户执行,或者由这两方联合执行
Service Desk(服务台)	IT服务提供商和用户间的唯一联系人,主要处理事件和服务请求等流程的一组人,实现服务提供方与其所有用户之间的沟通联络点
Single Point of Contact(唯一联系人,SPOC)	终端用户或客户的唯一联系人;服务台是终端用户的唯一联系人,是给用户提供服务的唯一接口;服务经理是客户的唯一联系人,直接处理客户的任何投诉并定期与客户就服务进行沟通
Service Desk Practice(服务台实践)	获取并管理事件解决方案和服务请求的实践
Service Management(服务管理)	以服务的形式为客户提供价值的一套特定的组织能力,并且将资源和能力转变为有价值的组织资产
Service Level(服务级别)	定义期望或达到的服务质量的一项或多项指标
Service Level Agreement(服务级别协议,SLA)	IT服务提供商和客户之间进行磋商后正式记录下来的IT服务标准或合同
Service Level Management Practice(服务级别管理实践)	基于业务设定清晰的服务性能目标,以依据这些目标正确地评估、监视和管理服务交付的实践
Service Design Package(服务设计包,SDP)	描述如何对业务功能性需求和非功能性需求的满足的服务设计文档的总称
Service Acceptance Criteria(服务验收标准,SAC)	一套标准,用于确保IT服务满足功能和质量要求,尤其特指新服务的验收标准和项目转运维的交维条件
Service Empathy(服务移情/同理心)	识别、理解和预测另一方的利益、需求、意图和经验的能力,以便建立、维护和改进服务关系

续表

名词	解析
Service Improvement Plan（服务改进计划,SIP）	对流程或IT服务实施改进的正式计划
SKMS（服务知识管理系统）	一个数据(Data)–信息(Information)–知识(Knowledge)–智慧(Wisdom)的架构系统,也是一套用来管理知识和信息的工具和数据库
Standard Change（标准变更）	一个约定俗成的、预授权的、低成本、低风险且众所周知的、流程已经被清晰定义的变更。另一种定义：一种低风险的、预先授权的变更,已有良好的理解和完善的记录,并且无须额外授权就能实施
Standard Operating Procedures（标准操作程序,SOP）	标准的操作程序或规程文档
Statement of Requirements（需求声明/陈述,SOR）	一种文档,其中包含对产品采购、新的或变更IT服务的所有需求
Service Offering（服务供给）	一项或多项服务的正式描述,这些服务旨在解决目标消费者群体的需求。服务供给可以包括商品、资源访问权限以及服务行动
Service Provider（服务提供方）	组织为向消费者提供服务而在服务关系中担当的一个角色
Service Catalogue（服务目录）	有关服务提供方的所有服务和服务供给的结构化信息,与特定的目标受众相关
Service Catalogue Management Practice（服务目录管理实践）	实践方法,为所有服务和服务供给提供统一信息的单一来源并确保供相关受众访问
Service Consumption（服务消费）	组织为使用服务而执行的活动。包括对使用服务所需的消费者资源的管理、用户可执行的服务行动,以及（如需要）商品的接收（获取）

续表

名词	解析
Service Relationship(服务关系)	服务提供方和服务消费者之间的协作。服务关系包括服务供应、服务消费和服务关系管理
Service Relationship Management(服务关系管理)	服务提供方和服务消费者执行的活动,确保基于协定及可用的服务供给实现持续价值共创
Service Request(服务请求)	用户或用户授权代表为发起服务操作而提出的请求
Service Request Management Practice(服务请求管理实践)	实践方法,通过以有效而用户友好的方式处理所有预先定义的、由用户发起的服务请求来支持协定的服务质量
Service Value System(服务价值系统,SVS)	一种模型,代表组织的所有组件和活动如何共同促进价值的共同创造
Specification(规范)	对产品、服务或其他配置项属性的记录描述
Sponsor(赞助方/投资方/发起人)	授权服务消费预算的角色,也可以用于描述为某一计划提供财务或其他支持的组织或个人
Stakeholder(干系人/利益相关方)	参与到某一组织的产品、服务、实践交付的个人或组织
Technical Debt(技术债)	在开发的层面是指开发人员为了缩短开发的交付周期或降低开发难度而选择的不太优化的方案来实现软件的基本功能,例如软件采用传统的三层架构而不是目前比较流行的支持高可用和高并发的分布式架构。技术债主要体现在利用一些短视的解决方案,它不仅体现在开发层面,还可以体现在运维层面。比如把没有经过严格测试的运维补丁安装到生产环境,没有做好详尽的变更计划就实施变更操作,或没有充分考虑变更风险和缺乏对互相关联的变更请求的充分交叉影响分析等诸多情况

续表

名词	解析
Test Environment（测试环境）	为测试产品、服务和其他配置项而建立的受控环境
Throughput（吞吐量）	对产品、服务或其他系统在给定时间内执行的工作量的度量
Touchpoint（接触点）	潜在服务消费者或服务消费者与服务提供商和/或其产品和资源接触的任何时候
Toyota Kata（丰田 Kata）	心理模型和行为模式，利用科学思维和常规的练习和指导
Utility（功用）	一个产品或者服务提供的功能，满足客户的一个特定需求，或者去掉客户当前系统的某些约束。另一种定义：产品或服务为满足特定需要而提供的功能。功用可以总结为服务发挥的作用，并可用于确定服务是否适合目的。为了具有实用性，服务必须支持消费者的绩效或消除消费者的约束。许多服务同时具备这两种作用
User Profile（用户概述文件，UP）	用于描述指定用户类型对特定 IT 服务需求的一种需求分析文档
Use Case（用例）	一种运用真实的实践场景来定义功能要求和设计测试的技术
Underpinning Contract（第三方供应商支撑合同，UC）	IT 服务提供商和其下包供应商之间所承诺的服务标准或合同
User（用户）	直接使用服务的人
User Experience（用户体验，UX）	从用户的角度，与服务和服务提供方在职能和情感上互动的汇总
Value（价值）	对某一事物感知的效用、实用性和重要性
Value Proposition（价值主张）	服务提供商向其客户做出的明确承诺，即将提供特定的价值创造效益，例如帮助客户降低成本和风险

续表

名词	解析
Value Chain Activity(价值链活动)	价值链中的一个步骤,组织在价值创造过程中将采取的这个步骤
Value Stream(价值流)	组织为创造产品和服务并将其交付给消费者而采取的一系列步骤
Value Streams and Processes(价值流和流程)	服务管理的四个维度中的一个。定义为达成协定目标而需要的活动、工作流、控制和程序
Vision(愿景)	对组织未来预期所定义的渴望,未来想成为一个什么样的公司
Workaround(变通方法/临时解决方案)	解决问题的临时修复方法或技术,使用替代措施暂时恢复服务级别协议约定的服务,避免故障或问题继续对客户的业务产生影响,问题的永久解决措施有赖于对潜在问题的最终解决。另一种定义:在还没有完全的解决方法时,减少或消除事件或问题的影响度的解决方案。一些临时方案可以降低事件的发生概率
Warranty(功效)	产品或者服务满足约定需求的承诺或者保证。功效可总结为服务如何发挥作用,并可用于确定服务是否适合使用。功效通常针对的是服务可用性、容量、安全级别和连续性等方面。如果满足所有定义并协定的条件,服务可视为提供了可接受的保证或功效
Workforce and Talent Management Practice(人力和人才管理实践)	确保组织拥有合适的人员,这些人员掌握适当的技能和知识并担当正确的角色,从而支持组织的业务目标的实践
Waterfall Method(瀑布方法)	一种线性和有序的开发方法,开发的每一阶段具有不同且清晰的目标
Work Instruction(作业指导书)	为执行某一活动而需要遵循的一种详细说明

参考文献

[1] 刘通,曾庆辉. ITIL 4 与 DevOps 服务管理认证指南[M]. 2 版. 哈尔滨:哈尔滨工业大学出版社,2021.

[2] 刘通,刘旭东,何刚勇,等. ITIL 与 DevOps 服务管理案例实践[M]. 4 版. 哈尔滨:哈尔滨工业大学出版社,2022.

[3] AXELOS. ITIL® Foundation[M]. 4th ed. London:The Stationery Office(TSO),2019.